「勤《つと》め人《びと》」意識改革論

日本を強くする「働き方」を取り戻せ！

安田 直裕

目次

はじめに

わが国日本、それを支える主権者たる国民が自信喪失の状態である。政治に、経済に、あらゆる場面で閉塞感を感じている。何をしても変わらない、誰がやっても変わらない、所詮《しょせん》変わらないならじっとしていた方が賢明だ、そんな自己効力感のなさがまん延している。やる気のなさ、失望感や無力感が漂っている。これでは、現状維持もままならず、低迷が続き、いや没落していくに違いない。誰もがおかしいと思っても、異を唱えるどころか、何も言わず同調圧力に屈してしまう。その方がずっと楽であるが、それは平和ボケの何物でもない。日本人は今、いわゆる「ゆでガエル」状態なのではないか。適温の釜の中は、何もしない方が快適である。「熱い！」と早く気が付き、飛び跳ねて外に出られると良いのだが、何もしなければじわじわとゆで上がっていくばかりである。

日本全体に、国民一人ひとりに活力がなくなっている。企業に勤める、いわゆるビジネスパーソンである「勤《つと》め人《びと》」の心理・精神状態もまさにそうである。

自己効力感をなくし、無力感が漂い、失敗を恐れず挑戦するいわゆる「アニマルスピリッツ」は死語と化している。自分が勤める「勤め先」企業をもっと良くしよう、そして、大きく成長させようという意欲が萎えてしまったと言っても過言でない。熱意のなさ、やる気の喪失が顕在化している。こんな気持ちの「勤め人」ばかりになっては、企業は活性化せず、業績も上がるはずがない。労働生産性は高まることなく、ますます悪化していくに違いない。どんなに素晴らしい、立派な政策や推進策を打っても、主役である「勤め人」一人ひとりが強さを発揮しない限り、経済力を取り戻すことは無理である。そう考えるのは私だけであろうか。

バブル崩壊後のこの30年余り、日本経済は低迷が続き、そこから脱却できないでいる。高度成長時代には内外から称賛された「日本型経済システム」も手の裏を返したように悪弊とさげすまれ、その改変が声高に叫ばれている状況である。もちろん、日本人の「手の裏返し」は今に始まったことではない。幕末に攘夷と叫んだ武士たちが、維新成就のために欧米文化の導入を急ぎ近代国家を築いた。また、先の大戦での敗北で、それまで「鬼畜米英」と叫んでいた日本人が、欧米文化とりわけ米国文化崇拝に傾倒し、驚異的な復興を成し遂げたのである。しかし両者とも、日本人の精神性（「和魂」）が根底にあり、それを忘れなかったから成し遂げられたのであった。「和魂洋才」（日本人特有の精神と欧米の学問や知識技術を融合させたこと）の考え方が、変革を志す日本人の心の底に、しっかり強く流れていたからできたのである。

しかし今、経済低迷からの脱却に対しては、完全にその大切な「和魂」をなくし、洋才のみを一生懸命に取り入れようとしている。戦後70年余の間に、日本人の精神性である「和魂」が世代を追うごとに見失われ、さらに低迷の元凶にされ、それを忌避する風潮が正当化されていくようである。

そもそも日本は、古代より「雑種文化」の国であり、異文化から良いものを移入し、独自な形に進化させる素晴らしい能力を持ち合わせている。欧米型の思考を取り入れ、それを日本流につくり替えることは大変誇らしいことである。しかし、「和魂」が過去のものと見なされ、役に立たない時代遅れとする考え方には賛同できない。

日本企業のいわゆる「日本的経営」は、「人」を大事にすることが真髄であった。しかし、この低迷する30年余の間に、「人」が主体から客体へと追いやられ、人件費は大きなウエイトを占めるコストとしか見られなくなってしまったのである。そして昨今では、労働生産性が上がらず低迷から脱却できない原因を「働かせ方」に求め、国を挙げて「働き方改革」を推進しなければとか、また、雇用システムを「ジョブ型」雇用にすべきであるとか、さらには「人的資本経営」の導入を経営指針として急がねばならないなどと言われている。しかし、これらはすべて、マネジメントする立場からの「人的資源」の活用を示唆しているに過ぎない。そこには、主体であるはずの働く当事者が不在で、「人のあり方」をどうすべきか、という課題意識がストンと抜け落ちてしまっている。そして、業績が一向に上がらないから、いかにして「ヒト」を安く上手に使うかを課題にしている。「ヒト」を経営資源の一つと見なし、取り換え可能な部品・部材のように扱うのである。

国を挙げて、いくら声高に「働き方改革」の喫緊性を唱えても、そもそも「勤め人」の覚悟と心意気が変わらなければ、真の成果につながるはずがない。よって、「勤め人」自身の意識改革と行動変革こそが、日本の、今急がねばならない最優先課題である。

それは、「勤め先」企業の成長・発展を願い、組織内の同調圧力に屈することなく、「自分が正しい」と思うことを信念で貫く強い精神性の復活である。そのような精神性を持ち合わせた「勤め人」を一人でも多く育成することこそが経営の指針であり、企業の取るべき姿である。もちろん、「勤め人」の思いは我欲（自分勝手）であってはならない。まさに組織を良くしようと願う覚悟と心意気が必要である。そういう精神性の醸成こそが、今求められる人材育成の主眼であるべきである。「勤め人」が他人の目や評価・評判を気にすれば、そのような行動を取ることはできない。他者からほめられることや承認欲求を充足させようと、勤勉さを偽装してはいけない。評価・評判に惑わされない「働き方」をしなければならないのである。それでなくても、日本人は世間体や評価を気にし過ぎる国民性であるといわれる。その傾向が特に強くなっている昨今、そういう思考と行動を徹底して排除しなければならない。

隠れ「個人主義」であるといわれる日本人。そこに戦後の民主主義・自由主義思想の錯覚が加わって、その「個人主義」が「利己主義」や「我欲主義」になり、「自分にとってどうすることが一番有利か」、「どうしたら組織の中で都合良く、生きながらえるか」という生き方ばかりが強くなっている。他人の目や評価・評判を過度に意識し、周囲に迎合する生き方が処世術になってしまったのである。まさに同調と忖度《そんたく》のまん延である。

そもそも日本には、世間体や評価を気にし過ぎる悪弊があることから、そうしてはならぬという忌避する生き方が「武士道精神」や「士魂」に強くあったはずである。しかし、それが戦中に「戦陣訓《せんじんくん》」として悪用された反動から、戦後、その精神性とそれにならう生き方が全面的に否定されてしまった。そして、欧米（特に米国）文化に洗脳されてしまった日本人。今こそその精神性と生き方を取り戻すこと、復権させることが求められているのである。「人が何と言おうが自分は自分だ」とする強い気持ち、さらには、「独立自尊」の精神と心意気を持ち、組織を良くしようと思う同じ気概の下で、「勤め人」が意見・考え方の違いをぶつけ合う。そうしたことにより組織は間違いなく成長・発展するのである。まさにそれこそが真の「多様性」の原点でもある。協調性ばかりを評価するのでなく、真の「多様性」を認め、周囲とぶつかってもこれが組織のためなら、と信念を貫く「勤め人」の育成が求められるのである。「人」の育成には時間がかかるので、急がねばならない。

本書は序章で、日本経済低迷が労働生産性の低さによるものだとし、その最大の原因と考えるエンゲージメントについて、データなどを参照しながら現況を確認し、概括したい。そして第1章では、なぜそのエンゲージメントが良化しないかを日本人の国民性などを確かめながら、労働を担う「勤め人」の心理と行動実態を検証したい。第2章では筆者自身の40年余の「勤め人」(銀行員)経験から、働く姿勢の過去と現在を比較し、企業の成長・発展を阻害するネガティブ要因を探ることとする。第3章では、幾度か苦境を乗り越え、復活し発展している日本のバックボーンともいえる日本人の精神性と、それに基づく強い生き方を改めて確認したい。第4章では、同調と忖度を是とする悪弊がまん延し、いわゆる「イエスマン」が出世するのではなく、真の「愛社精神」を持った「勤め人」が、覚悟と心意気で考えをぶつけ合う企業こそが成長することを事例も交えて論述したい。そして第5章では、周囲の評価を気にせず、状況の変化に惑わされない強い「個」の持ち主の「勤め人」が、ひとりでも多くいる企業こそが強いとし、「独立自尊」の精神に基づく生き方を強調する。さらに第6章では、「勤め人」と企業の関係の目指すべきこれからの姿について、浅学非才を承知の上で、40年余の「勤め人」経験から、持論を提言してみることとしたい。最後に終章で、日本人の勤勉さが「うそ」で塗り固められないよう、勤勉の履き違えに注意喚起して締めくくることにする。

なお筆者は、組織行動論、労働社会学、社会心理学などの基礎知識を独学で習得してきた。本書で述べる内容が精神論で終わらないよう、十分に努めたつもりである。また、本書は民間企業を対象にした表現に終始しているが、官公庁や団体職員など、組織の構成員すべてに関することがらの記述であると考えている。その点もお含み願い、広くお読みいただければありがたい。

序章

労働生産性低迷の最大要因は
エンゲージメントの低さにあり

労働生産性低迷には、いくつかの要因が考えられる。企業が目先の業績にこだわり、人材や設備など未来への投資をしなくなったこと。雇用を守る慣行が根強くあって、不採算事業を温存し、生産性の高い分野へ雇用がシフトしないままでいること。少子高齢化で、需要が伸びず減少傾向であること。さらに、長時間労働を美徳とする企業文化があり、ムダな仕事が削減できず、むしろ増える傾向にあることなどが挙げられる。そして、筆者が一番の要因と考えるのは、労働の主役である「勤め人《つとめびと》」のエンゲージメントのあまりの低さである。

そもそもエンゲージメントとは、自分の仕事に意義を感じ熱意を持って取り組む姿勢、つまり、「仕事への熱意度」のことである。米国の世論調査会社であるギャラップ社の調査（2017年）によれば、日本での、「自分の仕事に熱意を持っている」との回答はわずか6％で、世界平均は15％（米国32％）、日本は139カ国中132位である。また、「やる気のない社員」の割合が、日本は70％にも上り、さらには、「周囲に不満をまき散らしている無気力な社員」が24％もいるという。企業への愛着や企業との一体感が強くあり、仕事への満足度が高い社員は、仕事に熱意を持って一生懸命に取り組むのである。従って、日本の「勤め人」のエンゲージメントの低さは、労働生産性の低迷につながってしまう。さらに、日本経済新聞の令和5年6月15日付の記事では、2022年の日本での「仕事の熱意度」は5％（4年連続）に下がっている。一方で、世界平均は23％と上昇傾向が続き、2009年に調査を始めて以降最高となっているとのことである。これでは仕事に対する日本の「勤め人」の姿勢や態度に、危機感を覚えざるを得ない。

仕事への熱意や愛着などを数値化したエンゲージメントスコア。このエンゲージメントスコアが上がれば労働生産性が改善するとの因果関係も立証されている。精神論になってはいけないが、限られた時間で最大の成果を上げようと、知恵を出して効率よく働くことが、労働生産性向上の決め手になる。「勤め人」一人ひとりが働きがいを感じ、「その気になる」か、どうかである。すなわち、エンゲージメントスコアをいかにして上げるかである。現状に満足し、向上心に欠けるようでは、高い成果は期待できない。制限時間内で高得点を目指す試験（受験）で、しっかりと訓練を積んできた「勤め人」たちである。それにもかかわらず、その得意とするスキルが発揮できないでいる。しかし深層の解決策は、与えられた問題を処理する、問題解決能力ではないようである。「勤め人」一人ひとりのメンタルな要素、精神性の問題のようである。

労働生産性とエンゲージメントの因果関係は今述べたとおりで、2021年の時間当たり日本の労働生産性は主要7カ国（G7）で最低で、1994年以降最下位が続き、経済協力開発機構（OECD）加盟38カ国では27位である。よって、「勤め人」一人ひとりが「勤め先」企業への愛着や一体感を強くし、成果を効率よく上げようと「自分の仕事に熱意を持って」取り組めば、必ず向上するものと確信する。まさに、「勤め人」たちの、エンゲージメント如何《いかん》にかかっている。

バブル崩壊後30年余の経済低迷に対し、企業は長きにわたり回復策の策定に腐心している。しかし、どの企業も内向き志向で、売り上げが伸びなければ、利益計上にはコスト削減しかないと、懸命に努力してきた。人件費をコストとしか見なさず、削減策に励んだのである。人材投資は、設備投資よりも将来実現する効果が大きいにもかかわらず、常に消極的であった。一方で、ES（従業員満足度）を高めれば、やる気を出して一生懸命に働いてくれるだろうと、企業は「勤め人」のモチベーションアップに努力してきた。しかし、「上からの目線」の施策では効果は小さい。さらに、「ほめる」とモチベーションが上がると考え、皆の前で一人ひとりの頑張りをあの手この手で顕彰する手法を取ったりした。人間は本来「承認欲求」を持っているから、それを満たしてやれば一生懸命に頑張るだろうと考えたのである。しかしこれも、外発的な動機付けでは一過性の効果しか生まない。その一つは、成果主義の人事評価が上手《うま》くいかないこともあって、その代替策として導入した「表彰制度」という仕組みである。「私にもできる、負けるものか」と、ライバル競争心に火を付けようとしたわけであるが、「承認欲求」の充足は長続きするものではない。そもそも、「勤め人」の主体性・自発性に欠ける方策であるから、「やらされ感」しか残らず、根底から生産性を改善するには至らない。

「承認欲求」は人間の高次欲求であるとして、一部の経営学者も「表彰制度」を取り入れた手法を推奨している。教育の世界でも、叱るよりほめて育てた方が能力も伸びるとして、世の中全体が「ほめる」ことの重要性を強調している。

しかし、所詮《しょせん》この手法は、安易な形で進めると、内発的な動機付けより、外発的な動機付けの色合いが強くなってしまうのである。ご存じのとおり、外発的動機は結果として、かえってやる気を下げてしまうマイナスの効果を生じるという心理学の知見（「アンダーマイニング効果」）もある。さらに、「承認欲求」は、その「呪縛《じゅばく》」から逃れなくなる。承認を受けるため、ほめられるために働くことが主眼となり、勤勉ぶりを装うことに躍起になってしまう。そうでなくても他人の目を気にする日本人が、目先の評価に翻弄《ほんろう》され、主体的・自発的にのびのびと働けなくなってしまうのである。

この「承認欲求」を刺激する「やる気アップ」手法は、何とかして業績低迷を克服したいとする経営者側が取る人材活用戦術である。長期間にわたり「勤め人」が頑張り続けられるものではなく、「ヒト」という経営資源を効率的・効果的に利活用しようとする「上」からの仕掛けになる。これでは、「勤め人」たちの真のやる気、エンゲージメントは高まるはずがない。結局のところ、日本人の頑張っているふりをしてしまう悪癖を助長したのではないだろうか。「承認欲求」を満たそうとすることは、極めて合理的な行動刺激策のようであるが、世間体を気にする、他人の目を意識する日本人にとっては、かえってマイナス効果の方が大きいとしか思えない。「上《うえ》」からの評価を得ようと、「上」が気に入る仕事を選別し、それを一生懸命に行う。そして、生産性に貢献しないムダな仕事までしてしまうのである。

エンゲージメントを下げる要因に、「いやいや」働くというネガティブな心情がある。例えば、「転職したいと思いながら、やむなくこのまま勤めることになるだろう」という心情などである。実際に、日本の「勤め人」には、この心情が強い傾向がある。このような気持ちで「いやいや」働くようでは意欲・やる気が生まれるわけがない。また、「企業に使われるな」、「企業の言いなりになるな」などの表現も、本来なら、主体性を持って自発的に働くべし、というポジティブな捉え方をしなければならない。しかし、「勤め先」企業に対して、「隷属的になるな」、「滅私奉公するな」というネガティブな捉え方に偏向しがちである。エンゲージメントの向上には、「勤め先」企業への愛着心が必要であり、旺盛な「愛社精神」が求められる。そして「勤め人」は、「勤め先」

企業の成長・発展に貢献することが役割である。しかしこの心情で、やる気なく仕方なく働くようでは、「勤め先」企業のお荷物でしかなく、生産性など上がるはずがない。

エンゲージメントと企業業績の間には強い正の相関関係がある。従って、労働生産性の向上につながるエンゲージメントを高めることは、今の日本において、最優先にして最重要の課題である。それは、外からの仕掛けではなく、「勤め人」自身が内から起こす精神性の強化である。一人ひとりの「勤め人」が、自分事として、意識変革をしなければならないのである。

何度も強調するかもしれないが、エンゲージメント向上の問題は、どこを起点として考えるか、である。「勤め人」一人ひとりが、労働という営みの主体であり、主人公である。それにもかかわらず、すべての方策が「勤め人」を客体として捉え、「勤め先」企業が「勤め人」のモチベーションを高めようとしてきた。一生懸命に働いてもらうためであった。しかし、そういう行為ではなく、「勤め人」が主体となって「勤め先」企業を変えていくという発想が必要なのである。一方的に雇われているのではなく、「勤め人」一人ひとりが「勤め先」

企業との間で、労働という資源を賃金という対価と取引する関係である。あくまで、「勤め人」一人ひとりは労働という資源の所有者であり、まさに「勤め先」企業と対等な立場にある。このことを前提にして、「働き方」を考えないと根底からの変革はできない。しかし、心配することはない。新しい何かを改めてつくり上げる必要はないのである。日本の歴史的背景・文化的背景に根差した本来の精神性を取り戻すだけのことなのである。とはいうものの、忘れたまま長い時間が過ぎてしまっている。よって、決して簡単な事ではない。今となっては、その精神性を取り戻すために、かなりの覚悟と心意気が求められるのである。

この序章の最後に、エンゲージメントとは何かについて、今一度確認しておくことにする。令和元年度の「労働経済白書」の記述（原文のまま）である。

ワーク・エンゲージメントとは、

仕事に関連するポジティブで充実した心理状態として、「仕事から活力を得

ていきいきとしている」(活力)、「仕事に誇りとやりがいを感じている」(熱意)、「仕事に熱心に取り組んでいる」(没頭)の3つが揃った状態として定義される。つまり、ワーク・エンゲイジメントが高い人は、仕事に誇りとやりがいを感じ、熱心に取り組み、仕事から活力を得て、いきいきとしている状態にあるといえる。……ワーク・エンゲイジメントを向上させることは、個人の労働生産性の向上につながる可能性が示唆される。

と、きめ細かい多くの統計調査から、白書は、ワーク・エンゲージメントと労働生産性の強い正の相関関係を立証している。

第1章

生産性が向上しない日本企業！
「勤め人」の心理と行動実態

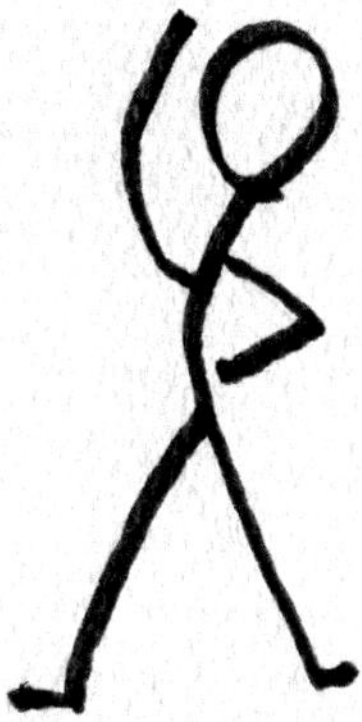

1　自分が正しいと思うことを信念として貫き通さなくなった日本人

文部科学省が所管する大学共同利用機関に「統計数理研究所」という組織がある。その研究所が、日本人の国民性について、昭和28（1953）年から5年ごとに統計調査を行い、その結果を公表している。その調査の中に「社会的規範や集団的規制への態度」という項目がある。「世のしきたりと自分が正しいと思うこと（信念）とが相いれない場合、どちらに従って行動するか」を尋ねている。1回目の調査結果は、「押し通せ」が41％、「従え」が35％、「場合による」が19％、その他が5％であった。これが2018年には、「押し通せ」が20％、「従え」が32％、「場合による」が44％、その他が1％となっている。このとおり、「押し通せ」と「場合による」が全く逆転している。調査回数を重ねるごとに、一方は少しずつ減少し、他方は増加する傾向で逆転したのである。ここから分かることは、日本人が社会的規範や集団的規制に対して、場合によって従ったり従わなかったりするようになり、自分が正しいと思うことを信念として貫き通さなくなった、ということである。おそらく、周囲を意識し、空気を読んで判断するようになったということだろう。独り突出することを嫌い、それを避ける生き方である。これからも、この傾向には歯止めが掛からず、じわじわと続いて差が開き、顕著になっていくものと考えられる。

そしてもう一つ、物事の「スジを通すこと」に重点を置くか、物事を「まるくおさめること」に重点を置くか、という問いかけがある。調査の6回目（1978年）から始まった項目である。「スジを通す」が44％から42％になり、「まるくおさめる」が50％から53％に推移している。もともと「まるくおさめる」傾向が強い日本人には、特に大きな変化とは言えないかもしれないが、「スジを通さなく」なり、「まるくおさめる」方向へと確実に進んでいるのである。初回から第5回までのデータがないので憶測の域を出ないが、それぞれの減少と増加の傾向から、70年前の昭和28年ごろは、物事を「まるくおさめる」人よりも「スジを通すこと」に重点を置く人の方が多かったのではと想像される。

以上のとおり、戦後日本人は、「自分が正しいと思うことを信念として貫き通し、妥協せずスジを通す」という生き方から、「周囲の様子を見ながら状況に合わせた行動をし、ぶつかり合いを避けてまるくおさめる方向で事にあたる」という生き方に変化してしまった、と言えそうである。

頑固《がんこ》親父が少なくなり、一刻者《いっこくもの》などは、これからの世の中では生きていけないのかもしれない。死語と化すかもしれない。頑固とは辞書によると、「周囲の反対にかかわらず、どこまでも自分の主張を貫き通す様子」を意味するし、一刻とは、「がんこで人の言うことを聞き入れない様子」のことである。筆者が勤め始めたころには、自分の考えややり方にこだわりを持ち、簡単には妥協しない「勤め人《つとめびと》」が多かった。「（全体が良くなることを考えれば）この件に関して、自分の考えは絶対に譲れない」と言い、いたる所で口角泡を飛ばしてのやり取りが見られたのである。その分、彼らの任された仕事への使命感や責任感は強く、その度合いは高かったという記憶である。よって、その仕事ぶりは、結果として大いに尊敬に値したのである。

次に、1973年から5年ごとに調査を実施している『現代日本人の意識構造（第九版）』（NHK放送文化研究所編）では、次のような記述がある。

日本人の行動様式の一つの特徴は、問題解決のために人々と協力して対処することには消極的で、正当な理由があっても争うことを嫌って「和」を大切にするという「非結社性・反闘争性」にある……

と指摘されてきた。そして、「職場」に関しては、

一九七三年時点ですでに「しばらく事態を見守る」という《静観》が最も多く、……四五年間では三七％から五一％に増えている。「上役に頼んで、取りはからってもらう」という《依頼》は、……四五年間では二四％から二九％に増えた。七三年に《依頼》より多かった「みんなで労働組合をつくり、労働条件がよくなるように活動する」という《活動》は、徐々に減少し、四五年間で三二％から一六％に半減した。

という内容である。

要するにこうである。職場に問題が発生したとき、解決のために皆で積極的に活動しようとするマインドが大きく減少し、今では半数以上の人が事態を静観する状況である、ということである。この調査結果でも、今の「勤め人」は、「自らが立ち上がって、職場を改善してやろう」という信念や心意気をなくしていると考えられるのである。よって、国を挙げて「働き方改革」を唱えても、「勤め人」自身が受け身のままで、主体となって活動しないようでは、真の変革は期待できない。真の変革などできそうにないから、将来に危機感を抱かざるを得ないのである。なぜ、受け身になってしまうのだろう。閉塞感が充満しているからか、自己効力感のなさがそうさせるのか。「勤め人」たちがこの傾向を是認するようでは、労働生産性は改善するはずがない。静観していては、「勤め先」企業の成長・発展は期待できないのである。なお、日本の労働組合組織率は、１９４９年の56％をピークに漸減し、今は17％になっている。まさにこの調査の結果に符合している。

まずは、一人ひとりが声を上げなければならない。「勤め人」一人ひとりの強い「個」が結集すれば、どんな大きな組織であっても変えることはできる。それは今までにも、数々の歴史が証明している。しかし今、所詮《しょせん》自分一人が抵抗しても何も変えられない、という自己効力感のなさがまん延している。そして、ほどほどの豊かさで満足してしまい、日本人が自分の信念を貫く覚悟と心意気を持ち合わせなくなってしまったようだ。「明日も今日と同じであれば、それで良い」という静観指向から、「明日を今日よりもっと良い日にしよう」という挑戦指向にはならないものだろうか。

2　評価を気にし過ぎて一生懸命頑張っているふりをしてしまう日本人

日本人は、世間体を気にする国民であるといわれ、他人の目を非常に意識する性癖がある。他人からどう見られているかを常に気にしてしまうのである。そしてそれに加え、地道に頑張っている姿、こつこつ努力する姿に皆が好感を抱き、それを高く評価する習性がある。よって、勤勉でひたむきな生き方は好感を持たれ、できるだけその姿を他人に見てもらおうと一生懸命に振る舞う。これは、閉鎖された「ムラ社会」での水田稲作文化が歴史的背景にあり、狩猟文化とは違うからであろう。

さて仕事においても、一人遅くまで懸命に取り組み、休暇も取らないで頑張る「勤め人《つとびと》」は高く評価される傾向にある。人事評価制度の中に、仕事への取り組み態度を評価する「情意項目」があり、努力して困難を克服していく姿勢を重要視する。成果を上げることよりも、一生懸命に頑張る「勤め人」を高く評価してしまいがちである。そして、特に出世願望が強い「勤め人」は、他者よりも少しでも良い評価を得ようと、負けずに頑張ってしまうのである。しかし、それは他人の目を気にした、他人受けを狙うケース、いわば「うその勤勉」となってしまうから始末が悪い。

頑張りがこういった形での態度や行動であるとすれば、「日本人は生来勤勉である」という通説は、実は見せかけであるのかもしれない。ただ日本人の場合、自分にとって利益になることに対しては、時に寝食を忘れてまで頑張れることは間違いないようである。我欲が強いのが本性のようである。良く見られ、評価を高くしたいという「自利」の欲求が「勤め人」を頑張らせてしまうのだろう。よって、人事評価をする立場の上司は、部下の勤勉が「うそか本物か」をしっかり見極める能力を備えなければならない。本当に必要な仕事であるかどうか、優先順位を考えて行なっているかどうか、さらには、忙しそうに動き回っているだけではないか、看破しなければいけない。そうでなければ、「うそ」、「ごまかし」、「見せかけ」がまん延し、頑張りを相互に競い合うことで残業時間が増えるなど、組織の勤務実態は悪化してしまう。そして、所属する構成員、「勤め人」たちは、ムダが増えて疲弊してしまう。組織にとっては、本末転倒、生産性が上がらない非効率な状態を招き、結果として大変迷惑な話になる。

日本は30年余にわたり経済が低迷し、企業は経営施策に決め手を欠き、思いどおりに行かない状況が続いている。苛《いら》立ちも増して、総力で手を抜くことなく働くよう、厳しい指示・命令が飛んでいる。経営陣自らが先頭に立ち、「常在戦場の覚悟」で働かなければならない。「上《うえ》」がそうであれば、組織階層の末端までひと時も気を緩めることができない。本来組織行動で必要不可欠な「ゆとり」や「余裕」という言葉が禁句になっている。「ゆとり」や「余裕」は、不確実な事態に対して柔軟に対応するためには不可欠な要件である。それにもかかわらず、「貴職自らが先頭になって頑張れ」と現場の責任者に号令がかかる。経営陣や本部の担当セクションから、その行動が逐一チェックされるとなれば、現場責任者は気を緩めることができない。組織全体が成果を上げるために目先の結果にこだわり、無理を重ねるのである。そして、成果が出なくても一生懸命に頑張っている「ふり」をしなければならない。総力戦で「動く」から、戦況をしっかり把握して効果的な戦略、そして戦術を策定する司令塔が不在の状態で、ひたすら頑張るのである。

トップから下部に至るまで、組織の全階層が評価を気にしながら働く。経営陣には株主の評価はもちろん、厳しい「世間の目」があり、現場責任者には経営陣からの評価が、その下の「勤め人」一人ひとりには上司の評価がある。そして、良く見られたい欲求から、本物ではない「うその勤勉」が悲しいかな、痛々しいかな、人間の性《さが》として発生してしまう。「個人事業主」の立場なら誰も文句は言わないだろうが、組織である企業であれば、周囲に多大な迷惑をかけ、悪影響を及ぼしてしまうのである。「働き方改革」が国を挙げて進められている。しかし実際に、現場では「勤め人」たちは相変わらず、いわゆる「うその勤勉」をしてしまうのである。権利として制度で認められた休暇を取らず、毎日遅くまで一生懸命に働く。そういう行為を美徳とする悪弊を断ち切らない限り、真の「働き方改革」などできるはずがない。

筆者が若かったころ、福利厚生上、友好を深める狙いでいろいろな社内（店内）行事があった。中でも皆で出かける泊りがけの社員旅行は、楽しみな行事であった。当時は週休二日制ではなく、土曜は半日出勤（半ドン）で、仕事を終えての出発。朝から出発時間に間に合わせよう、そして、その日の仕事を計画どおり終わらせ気分よく出かけようと、全員が始業時から緊張の表情である。そして、その日は見事、定刻どおりに全員が無事に業務終了。意気揚々、晴れやかな気持ちで出かけられたのであった。仕事を積み残すことなく終わらせる。その気になればできるのである。いつもの「残業常習者」も、その日はすっきり集合時間に間に合わせて、業務を終わらせたのである。

普段でもモチベーションを最大にして、定時に仕事を終わらせることは可能のはずである。予備的な時間も入れて、きめ細かく予定を組み「段取り」良く仕事を進める。その気になれば時間内に消化できるのである。やればできるのに、なぜ定時に終わらせようとしないのか。突発的な問題が生じた時はやむを得ないとして、なぜ残業をして一生懸命に働くところを見せようとしてしまうのだろうか。恒常的な残業はその終了時間が常態化し、究極その時間に合わせて仕事をしてしまうことになる。

もちろん、一時的な業務量の多さから、やむなく残業をせざるを得ない時もあり、有給休暇の日程変更もあるだろう。しかしいずれにせよ、一人当たりの、そして時間当たりの生産性に対して、問題意識をもっと強く持たなければならないのである。一人ひとりの「勤め人」がいかにして決められた時間内に付加価値を高めるかを競い合わなければならない。サッカーやラグビーなどのように、多少のロスタイムはあるとして、制限時間内に得点を競う形にできないものだろうか。すでに私たち「勤め人」は、決められた時間内で問題を解いて得点を競い合う学科試験（テスト）で、要領は十分に鍛えられているはずである。

ただ一方で、成果を評価する難しさもある。ある大手一流企業の役員である知人に聞いた話である。本社の中枢部門の「勤め人」は、いわゆる一流大学卒業の学歴エリートたちばかりである。彼ら彼女らにテーマを与えて成果を求めると、それぞれに優秀な内容で、相対的評価は難しく、優劣付けがたいという。それでも評価をしなければとなると、成果物の総体量、例えば作成資料のページ数であったり、また、どれだけ残業をして完成させたのかなどの頑張り度合いを比較して優劣を付けるしかないという。この事例についても、「働き方改革」

には、まさに制限時間に対する観念の浸透が急務である。こうして評価された中枢部のエリートが上層部になれば、長時間労働という悪習慣の先導者になってしまうという心配は、いつまでも拭い去れないのである。

人間は切羽詰まると、神がかり的な力を発揮する。例えば、作家や芸術家などは、原稿や作品の締め切りが迫ると、それまで遅々として進まなかったものを一気に仕上げてしまう。そういう話はよく耳にする。私たちも日常生活の中で、これに近いようなことはよく経験してきた。夏休みの宿題などがそうであった。終わりが近づくと「遊びモード」が「勉強モード」に変わり、一気に終わらせてしまうのである。意外とこういう行動パターンは、日本人的な傾向かもしれない。強迫観念に駆られないと自分の行動をコントロールできない。自分自身では、自発的な時間管理ができないのである。よって、制限時間がない「働き方」は、一生懸命に見せかけで頑張る「うその勤勉」を生むだけで、生産性を悪化させてしまう。裁量労働制などについても、「勤め人」に時間管理を任せるのではなく、日本人の場合は制限時間を厳格に設定した方が、パフォーマンスが高くなるような気がしてならないのである。

3　同調しない「勤《つと》め人《びと》」が排除されるようになった日本の組織

　さてここで、協調と同調の違いを確認しておく必要がある。「協調性」は、組織と関わりを持つ「勤め人」にとって、重要な性格スキルの一つである。しかし、そこに不思議な圧力が加わり、協調が同調に転化し、今では「同調性」が重要な性格スキルになってしまった感がしてならない。

　辞書によれば、協調とは、「相違点・利害などを譲り合い、共通の目標に向かって歩み寄ること」と書いてある。一方、同調とは、「（自分の意見を出さず）他の意見・態度に賛成すること」とある。これを解釈するならば、自分の意見を出すか出さないか、そして共通目標の有無が根本的に相違しているようである。協調することは、共通の目標に向かって皆が侃々諤々《かんかんがくがく》と議論をし、お互いを尊重しあって譲歩する、調和する。それによって、新しいものが生まれて組織はさらに強くなる。そういう観点から、協調性という性格スキルは重要なのである。協調は、絶対に同調ではない。「勤め人」は組織の中で自分の意見をどんどん主張する、そして他の「勤め人」と利害が対立すれば、共通の目標に向かってお互いに意見を調整する。これは、一方の圧力や影響力に盲目的、従属的に従うことではない。たとえ上司と部下の間であっても、あくまで対等の立場で自分の意見をぶつけ合うのである。

さて、前節でも記述したとおり、今「勤め人」は、自分の意見、特に大勢に対抗する意見を言わなくなっている。周囲の様子を見まわして、「自分にとって何が有利か、得か」で判断し行動するようになってしまっている。「勤め人」全員がそのような態度を取れば、強い者に従うことが一番の選択肢となる処世術となる。その強い者とは、組織においてはまさに人事権を握る立場の人であり、特にそれは自分の上司である。あるいは上司の受けが良い、職場の腹心的な筆頭の部下であろう。上司やその腹心的な部下に従っていれば、まずは保身でき、仲間外れにされない。このようにして、強い者に調子を合わせる「勤め人」が幾何級数的に「増殖」していくことになる。異論を唱える「勤め人」は、「とがっている」と言われ、聞き分けの悪い奴《やつ》と決めつけられ、排除される。同調している「勤め人」も、心の中では異論を持っていたとしても、保身上不利にならない自分を演ずるほかない。人間なんて、そもそも弱い者である。いわゆる「いじめ」に遭わないよう、同調者集団に身を寄せて保身に努めるしかない。そういった点から、日本は「個人主義」でなく、「集団主義」の国といわれる所以《ゆえん》がそこにあるのだろう。

組織が、同調者が「増殖」する構造になると、いわゆる「イエスマン」が出世していく構図ができ上がる。昭和の高度成長時代のような右肩上がりの時代なら、上司がおっしゃること「ごもっともでございます」と、おおよそ指示通り従順に動けば、それで十分良かったのかもしれない。よってその点では、「勤め人」は「気楽な稼業」であったのだ。しかし今は、いわゆる「イエスマン」が昇りつめて経営陣になり、それに続けて次の「イエスマン」たちが高い評価を受けるようでは、組織は弱体化するばかりであろう。時代に先駆けての新しい発想も生まれず、古いまま取り残されるに違いない。そのような組織は、いずれは衰退していくのである。強い者に調子を合わせる同調者ばかりになると、組織は、徐々に退廃する構造になっていくのである。しばらくの間は、誰もが知らないうちに、何の疑念もなく過ぎていく。その間は、同調して従順に仕える「勤め人」は、良い評価を受けるのであるから、心地よい勤め方になる。

そして日本では、入社時から「同調者予備軍」を優先して採用しているようであるから、そもそも話にならない。日本経済新聞（令和元年7月15日付、早稲田大学教授吉田文氏）によれば、日系企業の採用では、「『空気を読む人材』の優先が続く」という記事がそれを裏付けている。その概容は次のとおりである。

「空気を読んで、円満な人間関係を築くことのできる人材」と「論理的に相手を説得できる人材」のどちらを採用したいかという質問である。それに対して、事務系では、外資系企業の7割が、「論理的に相手を説得できる人材」を望ましいと回答した。一方、日系非グローバル企業の6割強が「空気を読む人材」を望ましいとしていたのである。また、技術系も事務系ほどではないものの同様の傾向であったという。そして、日本企業の担当者は、異質な要素を取り入れることに積極的ではないとしている。

よって、同調者が生まれない企業風土をつくるためには、少なくとも、まずは採用段階で、「論理的に相手を説得できる人材」を一人でも多く集めることである。しかし今でも、同質性を重視する傾向は変わっていないようである。

さらに、「空気を読んで、円満な人間関係を築くことのできる人材」は、入社後の日常業務で訓練を受けて、そのスキルに磨きがかかり、立派な同調者に育っていく。しかし、新しいもの、今までとは違うものは、異質なもの同士がぶつかるときに、いわゆる「化学反応」を起こして生まれるのである。同質なもの同士、同調者ばかりでは、革新的なものなど生まれるはずがない。組織の「上《うえ》」の者からすれば、極めて統制が取りやすく何かにつけて楽であるが、成長・発展しない組織になってしまう。同調しない「勤め人」が排除される日本の組織。右肩上がりの成長時代なら、一糸乱れず、同質者集団ほど強いものはないだろう。状況が一転した今の時代、それでは退廃してしまう。生産性が悪化し、経済力が低迷する今の日本、すべての組織が同調者集団になってしまったことが、実はその大きな原因かもしれない。

人間は誰しも、権力を持つ者に逆らうのは怖い。「勤め人」にとって、それは人事権を持つ上司であろう。さらにはその「上」である。「これはおかしい」、「このままではダメだ」などと思う時に、自分の意見を覚悟を決めて言わなければいけない。上司と齟齬《そご》があっても、「勤め先」企業の成長・発展を思えば当然である。「この程度のことは」と勝手に思い過ごさず、忌憚《きたん》なく自分の意見が言える企業風土にしなければいけない。わが社が社会に貢献する組織であってほしいと願う「愛社精神」があれば、できないはずはないと思うが、なぜしづらいのだろうか。いずれにしても、同調だけはいけない。同調しない「勤め人」が排除されるような企業に、少なくとも成長・発展はあり得ない。

4　目に見える成果を急ぐ短期的で狭隘《きょうあい》な思考の現代人

そもそも日本人は、非常に短い先の目標挑戦にエネルギーが集中し、欧米人は壮大な長期目標がないと元気が出ないという。日本人は欧米人に比べて、短気でせっかちな性格なのであろう。何か事象が生じた時、すぐにその要因を見つけ結論を急ごうとする。いずれ時間が経てば、その因果関係は解明されるのだから、「ゆっくり寝て」待てば良いのに、焦って究明しようとする。いつか歴史が解明してくれるのでは我慢できず、短期思考なのである。

精神科医で作家のなだいなだ氏が著書『人間、この非人間的なもの』の中で、「日本人は何か事が起きると、なぜそんな現象になったのか分かり急ぐ性癖がある。10年、20年が経過すれば、因果がはっきりしてその時が来れば腑に落ちる説明ができる」（要約）ということを述べていた。筆者が10代の後半、まだ世間をよく知らないころに読んだ本であったから、その考え方は印象に残り、その後の「勤《つと》め人《びと》」人生の判断指針になった。それは、目先の些事に惑わされず、物事は長期的な展望で判断しなければならないという、自分なりの指針である。

日本人の短期思考の性癖は、経済成長が右肩上がり時であれば、どの企業であっても、業績は上がり好循環が生まれる。目標に向かってただひたすらにまい進すれば、好結果が付いてくる。敢えて長期目標を明示しなくても短期決戦の積み重ねで十分である。そして、そういうときは誰がリーダーを務めても好結果につなげることができ、評価される。しかし、右肩上がりでなく低迷するときは、負の連鎖に陥る恐れがある。短期の目標を掲げても成果が表れないとなれば、短兵急《たんぺいきゅう》で付け焼刃的な計画が、次から次へと打ち出され、組織は混乱してしまう。目標の達成に向けて、現場で業務に携わる「勤め人」は疲弊していく。未達成が続けば、それを差配する、その時のリーダーは評価が下がる。そして究極は、日本人が得意とする精神論が頭をもたげ、「できるまで頑張るのだ」との号令が掛かる。無理に無理を重ねることでパワーハラスメントが生じたり、さらに最悪の場合は不正・不祥事も起こりかねない。日本の組織は優勢な時には強いが、劣勢に回るとからきしダメで、マネジメントが機能しなくなるようである。優勢な時は誰が任されても上手《うま》くいく。劣勢時こそ真の指導力が問われる。状況が厳しい時こそ、結果を急がずじっくりと長期戦略を立て直す辛抱強さと寛容さが求められるのである。そのようなとき、沈思黙考し、じっと好転を待つことも立派な行動である。

今の日本の状況がそうであろう。経営者が、管理者層が、そして一人ひとりの「勤め人」が保身を考えて、目先思考・安全思考になってしまっているようである。リスクを取れないでいる。挑戦できないでいる。唯々、業界内でのシェア争いに汲々《きゅうきゅう》とする。今や日本は、内々ではなくグローバルな競争に立ち向かっていかないといけないのに、と筆者は憂えてしまう。低迷時こそ、そして劣勢に回った時にこそ、いかに長期的な視点で、広い視野で物事を考えられるかが大事である。しかし残念ながら、精神論が優先する日本の組織は、「勝つまで戦うのだ」とばかりに長期的展望もなく、目先の対応に右往左往してしまう。

無尽蔵でない限られた経営資源は戦略的に投下することが必要であり、費用対効果（コストパフォーマンス）がないと判断すれば投下しないことが要諦である。周囲から無作為として叱責や攻撃を受けるかもしれないが、勇気を持って「しない」判断をすることも大事である。目先の小さな成果にこだわり過ぎて、将先にある大きな果実を取り損なってはいけない。目先の損得にかかわらず、将来の展望をしっかりと描かなければいけない。結果を急ぐ日本人。悠然として何もしないものなら、周囲から非難の集中砲火を浴びる。将来展望の中で、今は何もしないことが一番の得策だと判断しても、周囲が許さない。そして、内向きのシェア競争に血眼になる日本人。お互いを食い合っても、国全体の成長は生じない。しかも、価格競争では全体が縮まるばかりである。一旦退却し、じっくり挽回策を策定することなど、簡単には許されない。そうするためには、相当の覚悟がいる。そして、説得力がいる。停滞時や劣勢時に、大局を見て泰然と判断することは許されず、目先の小さな成果を求めて、走り続けることが要求されるのである。

バブル崩壊以降の平成不況に時期を合わせるかのように、世界標準（グローバル・スタンダード）は株主重視の傾向が強まり、業績も四半期決算での評価となった。短期で目に見える成果を示さなければならなくなったのである。そもそも短期でせっかちな気性の日本人が、お墨付きを得たかのように、ますますその傾向を強くしてしまう。短期決戦に強い日本人にとり、四半期決算の評価は本当なら好都合かもしれないが、成果が出ない今の景気低迷時には逆作用である。「勤め人」の階層を昇りつめたトップや経営陣は、右肩上がりの成長期ならまだしも、景気が低迷しているとなれば、自身の任期中の評価に戦々恐々として、思考は短期で狭隘なものにならざるを得ない。よって、トップマネジメントがそうなれば、組織全体も同様で、「勤め人」一人ひとりも短期の狭隘な世界から抜け出せなくなってしまう。「勤め人」が失敗を恐れて小粒にならないよう、トップマネジメントに「広く、その先を見据える」度量の大きさが求められる。日本経済全体が、そしてそれを担う日本人が、大局に立ち長期的展望で物事を判断する能力をどんどん失いかけているように思えてならない。しかしそのような状況の中で働く、今の日本の「勤め人」たちは哀れである。しかし一方で、それを変えられないものとして是認する「勤め人」一人ひとりも、当事者としての責任も重い。ただ何もせずに甘受しているだけだとすれば、戦後日本人の資質劣化は否めない。

ところで、前出の『現代日本人の意識構造（第9版）』の中に、現代日本人の「生活目標」という節がある。これを筆者なりにまとめると、

「生活の価値観について、『時間的な見通し』と『社会的な見通し』という二つの軸を設定すれば、『現在中心・自己本位』、『未来中心・自己本位』、『現在中心・社会本位』、『未来中心・社会本位』という四つの類型が導き出される。この中で、『未来中心・社会本位』の考えの人は、もともと少なかったのに加え、漸減傾向が続き、直近調査（２０１８年）ではわずか４％しかいない。これについては、どの年層でも減少するも、特に中年層（30歳〜59歳）で、調査45年の間に16％から３％へ大きく減少している。まさにこの中年層は、組織の中心を担う階層の人たちである。そして、四つの価値類型で最も多いのは、『現在中心・社会本位』の価値観を持つ人であり、調査以来徐々に増えて、直近では半数近い46％になっている」となる。

そしてこの傾向について編者は、現代人に「身近な人たちと、なごやかに過

ごすライフスタイルを重視する人が増えている」と説明している。

「未来中心・社会本位」が漸減し、わずか4％しかない状況は、「生活目標」に限らず、「勤め人」の仕事観にも通底していると筆者は考える。日本人が小粒になり、高所大所から将来を見据える、いわゆる「大物」がいなくなりつつあるのではないだろうか。日本社会全体が、生活の価値観の変化を通じますます先細っていくようである。

5　世のため人のために何をしたいかで選ばない「就社」の動機

日本経済新聞（令和4年4月7日付）に、（株）マイナビが2023年卒業予定の全国の大学生、大学院生を対象に実施した就活に関する調査の記事が掲載されていた。それによれば、「就職先として企業を選ぶポイント（複数回答）」の1位は「安定性がある」で、66・8％であった。「安定性がある」とは、社歴の長い大手優良企業のことであろう。ブランド力が高い大手優良企業なら、友人や知人に自慢でき、とりあえず世間体も良いことになる。しかし一方で「新卒で入社する会社で何年ぐらい働きたいか」という質問に対しては、「10年未満」という回答が4割を超えているのである。また、「定年まで」働き続けるとの回答は3割程度（30・7％）であった。「安定性」を就職先の第1位の条件としているにもかかわらず、早くからキャリアチェンジを考えている。この矛盾についての解釈を、「学生にとって『安定性』の主語は、企業ではなく『学生自身』なのかもしれない」とし、「企業主体から、『個』主体の働き方に変化している傾向とも言える」としている。自分が望む「安定性がある」企業に採用されたならば、「定年まで」働こうと決意するはずであるが、そうではないのである。自分自身が安定することが主眼なのである。

就活における、学生のこのような考えに対し、組織コミュニケーション研究家の平賀充記《あつのり》氏は著書『今どきの若手社員のトリセツ』の中で、入社する企業の知名度は「学歴を上書きする」とし、「頑張って大企業に入ることができれば、それが、ある意味で『最終学歴』となって、転職や起業するときには有利に働く」、としている。そして、辞めるのが大前提の「今どきの学生が大企業を目指すその目的は、『生涯の安定を得るため』ではなく、辞める前提で『自分の市場価値を高めるため』なのだ」、と言及している。「辞める前提でも、なぜか大企業に入りたい」という若者の心理は、筆者には理解しがたい現象である。自分自身のキャリアアップを主眼にして、まさに自己本位の生き方である。

そしてもう一つ、筆者にとって、残念な傾向だと思わせる調査結果がある。それは（株）野村総合研究所の「生活者1万人アンケート調査」（２０２1年）である。その中の「働き方と就業価値観」で、過去20年間の就業価値観変化を「会社の発展や出世のために尽くすことよりも、ワークライフバランス意識が高まっている」とまとめている。その内容は、「自分の仕事の目的は会社を発展することである」が58％から49％に減少し、「会社や仕事のことより、自分や家庭のことを優先したい」が66％から79％に増加しているのである（「そう思う」「どちらかといえばそう思う」の合計）。

そもそも、どの企業も自社の成長・発展を通じ、社会に貢献することが存続の目的である。そうでなければ生き残れないはずである。しかし、日本の「勤《つと》め人《びと》」たちが、公器ともいえる企業の発展に尽力しようとしなくなりつつあるということである。つまりは、「勤め先」企業で頑張って、その発展を通じて「世のため人のため」に尽くそうという考えがなくなりつつあるのである。ここでも、自分自身の成長・発展が主眼である。本来であれば、「勤め人」一人ひとりの成長・発展は、すなわち「勤め先」企業の成長・発展につながっていたはずである。しかし、「勤め人」一人ひとりが自分の市場価値を高めるという自己本位では、「勤め先」企業への貢献度は小さくなるに違いない。企業は「勤め人」一人ひとりが協力しあうことで、足し算以上の成果を上げる。「勤め人」一人ひとりが自己本位では、企業の大きな成長・発展は望めない。「勤め先」企業への盲目的な忠誠心は、過去の経験から反省すべき点が多かったとはいうものの、「勤め人」の自己本位の傾向がこのまま助長されれば、「勤め先」企業の生産性は上がらず、成長・発展は期待できないと考えてしまう。

日本では1997年ごろから、政府の後押しもあってインターンシップが広がったとのことである。インターンの狙いは採用のミスマッチ解消である。学生の7〜8割がインターンを経験してはいるが、参加日数は半日や1日が大半とのことである。この日数では、企業を十分に知ることはできない。最近では産学双方が、学生に就業体験をしっかりさせようといろいろと具体策(2025年新卒者対象に枠組み変更など)を講じているようであるが、まだまだ「世のため人のために一体自分は何をしたいのか」を十分につかめないままであるように思える。そして恐らく、周囲のムードに流され、今は「いいね」を言ってもらうため、承認欲求を充足させることを優先して、企業選びをしてしまっているのではないだろうか。

それゆえなのか、転職市場が活発に機能し始めている。新卒採用者は3年で約3割が離職するといわれるから、いわゆるその「第2新卒者」を対象にして、市場は盛況のようである。これに加え、どの企業も自社の弱い分野の人員補充に、その分野の職務能力のある人材を即戦力として求めている。求人数は高止まりで、離職しても転職先が見つけやすくなったということである。昔は「離職するなんて、辛抱が足りない」、「職を転々とするなど、世間に恥ずかしい」などと言われて、離職・転職には勇気と覚悟がいった。余程の誘因がない限り、したくてもできなかった。よってこれからは、あまりにも簡単に離職・転職ができるようになることのメリットとデメリットをしっかり考える必要が出てきたような気がする。自分が生涯にわたり、やりたい仕事は何かを見極め、それがかなえられそうな企業を見つけて「就社」する。そしてそこで、「愛社精神」を培い定年まで勤め上げる。究極その企業での仕事を通じて、広く社会に貢献していく。やはりそれが、日本における「働き方」の理想形だろうと筆者は思っているが、いかがだろうか。

もちろん、産業は外部環境に左右され、今は良くても衰退することは当然としてあり得ることである。その時は、衰退産業から成長産業へ人材は移動していかなければ、日本経済自体が停滞し衰退していくことになる。それには制度的、政策的に人材のスムーズな移動を進めることが必要であろう。それはそれとして、安易な就活、安易な離職、そして安易な転職だけは絶対に避けなければならない。

先述したとおり、若者を中心に今の「勤め人」たちは、自身のキャリアアップを目指して、ある意味積極的に転職をする。自分の強みを練磨して市場価値を高め、よりやりがいがある仕事に就こうとする。このことは、極めて純粋でまっとうな考え方であろう。しかし一方で、転職をして自分が描くキャリアを実現できる「勤め人」は3割程度であるという。さらに自己の理想の「勤め先」を求めて10回近くも転職を繰り返した、「ジョブホッパー」と呼ばれる「勤め人」も増えつつあるようだ。最初に「就社」した企業が、結局は一番良かった、などとならなければ良いが……。そして、周囲からの「いいね！」を価値基準にして「就社」先を決めるのではなく、長く勤めることを基準に広く十分に情報を集め、熟考して決めなければいけない。さらに、「就社」した「勤め先」企業の中で、いろいろな機会をつくってキャリアアップを目指すことをベストな勤め方としていく。欧米型の「働き方」である「ジョブ型」雇用のメリットだけに洗脳されるのではなく、日本型雇用の強みを生かせるよう、「勤め人」一人ひとりの仕事（職）というものに対する考えと行動が、今、試されている。

また昨今は、「就社」した企業での長期勤続を視野に入れているわけではないので、いわゆる「ゆるい職場」は、「勤め人」にとって将来が不安であり、不満であるようである。他企業へ「就社」した仲間たちに能力的に劣後してしまうのではと、「気が気でない」という。自分の市場価値を下げたくないのである。筆者のころは、長く定年まで勤め上げるのが一般であったから、「ゆるい職場」は楽をして報酬が得られる、ある意味ありがたい職場であった。自社内での競争が主であったので、「勤め先」企業がダメにならない限り、ゆるくても問題はなかった。ただし、入社時にどこの部署に配属され、どんな上司に仕えるかが、将来の成長に大きく影響するとは言われていた。入社時はまっさらな白紙の状態であるから、最初に優秀な上司の下で働くことは、良い方向に感化され、将来にかけて優位になるかもしれないからである。

いずれにせよ「勤め人」というものは、社会の公器ともいわれる企業に長く勤め、一生懸命に頑張ることで、世のため人のためになる活躍ができる。その成果の大小は、インターンシップに参加したり、就職活動を通じて、それにふさわしい企業をいかに新卒時に見つけていくかにかかっている。最初から自分のキャリアアップを目指した転職ありきでは、地に足を付けた社会への貢献はできないのではないだろうか。確かに一部の業界や一部の分野では、即戦力となる優秀な人材の中途採用が喫緊の課題のようである。激しくなるグローバル競争に勝ち残らねばならないからである。そういう流れはあるものの、「勤め人」は「就社」を通じて社会に貢献するのであるから、最初の「就社」選びは「どう真剣」でなければいけない。今「勤め人」に求められるのが、いわゆる「キャリア自律」をすることだとし、転職市場に翻弄《ほんろう》されるようではいけない。ムードに流されないよう、注意しなければいけない。

6　追いついたら、その先のことは考えられない日本人

日本は国を挙げて戦後復興に努め、1980年代に技術力は世界に追いつき、その年代の半ばには一人当たりGDPも米国を抜いたのである。追いつくまではオールジャパンで驚異的なパワーを発揮したが、それ以後は目標を失ってしまい、1995年前後をピークにして以来、日本経済の多くの指標の低下が続いている。GDP総額は米中に次いで世界で3位を維持するも、2021年では一人当たりGDPは経済協力開発機構（OECD）加盟38か国中20位に下がってしまった。

本来であれば、追いついた時点でリーダーシップを発揮して、日本が「先導役」になって世界標準をつくらなければならない立場である。世界有数の先進国になったのである。しかし、それができない。資源が乏しい国であるからだろうか。そもそも日本人の国民性からなのだろうか。四方を海に囲まれた島国であ

り、80年ほど前の太平洋戦争までは空から攻められることが皆無で、平和が保障されていたからだろうか。そして今も、米国との安全保障条約で守られているからだろうか。変化を求めず、現状に甘んじる性癖の国民である。リスクを顧みず果敢に挑戦する姿勢がなければ、衰退していくのは当たり前である。繁栄が過去のものになりつつある。筆者たちシニア・シルバー世代は、運動を1日休むと筋力の回復に3日かかるそうだ。成熟期にある日本の「体力」も同様で、怠けていてはどんどん衰え、挽回するのがますます難しくなるのである。

そもそも、日本人はリーダーシップを取るのが苦手だという。例えば、国際交流でキャンプをしたとき、日本人は率先してテントを建てるが、その後どうしていいかを考えていない。一方、欧米人はそれを見ながら、建ったあとの運営方針を議論しているという。このように、目の前に目標があるとエネルギッシュに果敢に取り組むが、成就したあと、率先しては何もできない。貪欲な、いや強欲な生き方をせず、現状を甘受し「もうこのくらいでいいか」という思考では、よほど危機感を覚えない限り、「挑戦モード」のスイッチは入らない。

果たして、その理由は何だろうか。一つは、戦後の教育、特に進学競争にあるような気がしてならない。戦後、民主教育が米国により移入され、学力の判定がそれまでの絶対評価から相対評価に変わった。そして、高度成長とともに上位学校への進学者が増えた。合格倍率が高くなり、ふるい落とす試験問題が必要にならざるを得なくなった。難易度は高くなり、「正解はただ一つ」という内容である。制限時間内に正解を早く答える能力が試されたのである。「傾向と対策」を万全にして、ひたすら重要事項を暗記して準備したのである。よって、問題を正解する能力に長けた、画一的な人間しか育成できなかったことになる。何が問題なのかを発見する能力や幾通りにも答えがあることを学ぶ教育ではなくなったのである。与えられたことを解決すれば、それで終わりという習性が染みついてしまった。

もう一つの大きな理由に、日本には狩猟文化ではなく、水田稲作文化が育んだ習性が背景にあるような気がする。それは、天候はじめ所与の条件を受け入れて、一つひとつ解決して成果を目指す思考である。一生懸命に頑張って収穫を確保すれば、備蓄することに注力するだけで、あとは平穏に暮らす。狩猟型は、収穫を求めて果敢に攻めていく文化である。受け身ではなく、待っていては豊かになれない生き方である。それは現状に満足せず、もっと大きな旨《うま》い獲物を貪欲に狙っていく思考である。

追いついた後のことを戦略的にしたたかに思考できないのは、日本人の国民性なのであろう。悪条件を一つひとつ克服していく能力、問題解決能力には優れるものの、問題発見能力は愚鈍である。欧米人とは違い、自信過剰ともいえる強い自己効力感を持ち、自らが前面に出ることは不得手である。例えば、アンケートや聞き取り調査などの回答でも、その内容は控え目であり、遠慮がちであり、自嘲気味であり、時に自虐的である。これでは自ら進んで「皆の前に出て、皆を引っ張る」行動はできない。できたとしても、後ろから皆に背中を押されて初めて、しかもしぶしぶ前面に出ることになる。戦後教育で、ますますその傾向が強くなってしまったような気がしてならない。

戦後の驚異的な復興を成し遂げた担い手は、戦前の教育を受けた人たち（大正以前の生まれ）が中心である。一方で、低迷が続くこの30年の担当者は、戦後教育、特に偏差値教育を受けてきた人たち（筆者たち以降）である。制限時間内での問題解決能力は鍛えられたが、自らは問題発見ができない、受け身の思考がその中心である。「据え膳」で豊かさを享受するだけだ、と言っても言い過ぎでない世代かもしれない。そもそも、戦後復興という難題を克服した後の、国を挙げてのビジョン・展望がないからこのような道をたどるのである。次の時代の担い手育成に手落ちがあった、といえるのかもしれない。危機意識が薄れるので、既成のやり方を踏襲するだけで革新が生まれない。社会全体がじわじわと衰退し、いよいよそのスピードに加速度がついてくるように思えてならない。本書「はじめに」で筆者が憂えたように、「ゆでガエル」の比喩が、まさに当たりそうである。

ここで、例えが違うかもしれないが、気分転換で、甲子園を目指す高校野球の話である。全国の球児たちは甲子園出場を目指して、日々猛練習に明け暮れる。都道府県の予選を勝ち抜いて、晴れて甲子園出場となる。しかしこのとき、ただ地方大会を勝ち抜くことだけを目標にしているチームは、出場の悲願が見事かなっても初戦敗退で終わったり、勝っても2回戦までのケースが多い。代表校になろうと地方大会を勝ち抜くが、甲子園出場することが最終目標となり、全国ナンバーワンになることまでは想定してない。甲子園で勝ち抜く強豪校は、出場してからの戦い方を想定して日々練習に励んでいる。もちろん強豪校は、「ヒト・モノ・カネ・情報」とも半端でないことは確かである。地方予選を勝ち抜いたあとのこと、すなわち、全国優勝を目指して猛練習しているのである。甲子園出場が最終目標の学校は、それだけでも大変な事であるが、決して全国的な強豪校にはなれない。日本もこれと同じである。先進国になったあとのことが、そもそも思考回路にないのである。

さらに、歴史的に日本人は、外圧があって初めて目を覚まし、慌ててその対策を練る。そして総力戦で対応し、見事に国難を克服する。外圧があると内に秘めたものが覚醒し、驚異的な力を発揮するのである。しかし、そこまでは良いが、残念なことにその後平穏な状況が続くと、貪欲さをすっかり忘れてしまう。さらに上を目指すという意欲と心意気は薄れ、社会は停滞してしまう。難局を乗り越え成功した後はすっかり危機感を喪失する、という国民性のようだ。

危機感を覚えると一斉に過剰反応を示し、騒がしく過敏ともいえる反応を示すことは間違いない。例えば、制度やシステムが新設・改変され、それに伴う事務手続きなどが大きく変わるとなれば、業界全体が過剰な反応を示し騒然とするのである。筆者が「勤《つと》め人《びと》」をしていたころも、変化に過剰に反応し、周囲が慌ただしくなったケースを何度か記憶している。友人や知人に聞けば、どの業界も同じようである。そして、事が終わるとまるで何もなかったかのように平静を装って過ぎていく、そういう場面を何度か経験した。各部署が慌てて対応に動き出し、情報が錯綜する。各方面で実施される「対策の説明会」に、遅れてはなるまいと参加する。関連する書籍がいくつも緊急出版され、雑誌では特集記事が掲載される。「蜂の巣をつつく」様相である。そして、取りあえず無事に成就すると、あの喧騒は一体何であったのかと思わせるほどに平静が戻る。難題を乗り越えられれば、それで良いのである。一件落着である。

追い付いたあと、出来上がったあとに何をしていいのか分からない日本人。まさに長期的展望に立って、その次に何をすべきかを思考できない国民性のようである。自他ともに認める先進国になってから、すでに何年になるのだろう。「先導役」として、自ら進んで世界を牽引しなくてはならない。日本には、世界標準をリードしてつくる心意気が求められる。しかし、ある程度の豊かさを手に入れれば、それ以上は欲しがらない、貪欲さに欠ける日本人。これでは、生産性が上がるどころか、低迷するはずである。

第2章
40年間の「勤め人」経験をして実感すること

1　自分で判断できなくなった「現場の長」支店長

筆者が若かったころ、「現場の長」である支店長は、今よりも数段威厳があり強かった。「私（支店長）が良いと言うのだから良いのだ」、「本部の連中は何も分かっていない。本部が何を言おうが現場第一だ」などなど、確固たる信念を持ち合わせた強者《つわもの》ばかりだった気がする。

しかし、今は取り巻く環境が大きく変わり、それに伴って当時とは比べものにならない過剰管理、マイクロマネジメントの時代になっている。よって、今の支店長は大変だ、かわいそうだという声もよく聞く。しかし、それを差し引いたとしても、評価を過剰に意識した「小心者」になってしまったのではないだろうか。極めて物分かりが良く真面目で従順である。一方で、その前に求められる精神性についてみれば、したたかさがなくなり、反骨精神が薄れている感は否めない。短期間の業績で評価され、業容は拡大するとともに業務の手続は一段と細かくなり、加えてコンプライアンスも厳しくなって、今の支店長は本当に大変に違いない。よって、少しでも難航する案件があれば先ずは本部に相談し、何か問題が生じれば些細な事でも本部に報告する。その行動を見ると、裁量や権限を放棄したと誤解されてもおかしくないのである。顧客からの相談に際してその判断に窮し、「本部に聞いてから返答します」と自信なげに言ってしまうので、顧客からは「支店長に相談しているのだ。これでは支店の客は一体誰に相談すればいいのだ」と時に叱責されることも生じてしまう。誠実さ、慎重姿勢の裏返しであろうか。

それに比べ、以前の支店長は腹が据わっていた。普段から顧客とのコミュニケーションをしっかり取り、細部にわたって顧客をよく知っていたので、顧客からの相談や申し出（案件）に対し、早い段階に自分の言葉でそれなりの返答ができたのである。そして、それでも判断に窮する難しい申し出（案件）があり、支店の権限を越える内容である場合には、それが顧客側の発展につながり、ひいては当方の利益に資すると判断したならば、決裁権がある本部と掛け合って説得に尽くしたのである。今の「現場の長」支店長には、そこまでの説得力がなくなってきているように思われるが、いかがだろうか。よって以前は、支店長に対する顧客からの信頼は、今まで以上に厚かったような気がする。

支店長会議などで、支店長の考えを発表するときには、事前に支店長間できめ細かく情報を交換し、恥をかかないよう、そして突出しないよう準備に腐心する。よって、会議では同じような意見しか出ず、また侃々諤々《かんかんがくがく》と議論が交わされることもなく、いわゆる「多様性」とは縁遠い状況である。その結果、自店の独自性が失われ、画一的な支店経営に集約されてしまう。それぞれの支店は歴史も違えば規模も違う、マーケットも競合他社の状況も違う。そんな中で同じ方向で結論をまとめて良い時代ではないはずである。昔なら、支店長は独自性を強調し、いわゆる「多様性」を堅持したのである。「私の支店はこのやり方で行く。責任を取るのでやらせてほしい」と自己主張があった。そして結果は別として、支店を統括する本部の担当者と激しいやり取りがあったのである。今の「現場の長」支店長は忙しくて大変だと、簡単に片づけられない気がする。与えられた裁量を放棄し、従順に画一を求めているように思えてならない。その方が安心で居心地が良いのであろう。現場よりも「上《うえ》」（本部）を見て、評価を気にし過ぎているように見えてしまう。「私は私のやり方でいくのだ」という信念・気骨で、部下からの、ましてや顧客からの信頼をなくさないよう努めなければいけない。自信がないから、そして弱いから、「上」の支持を待ち、弱い者同士が群れてしまってはいけない。

最近では、「彼はなかなかの侍《さむらい》だ」という表現を耳にしなくなった。その「侍」という言葉を辞書で改めて確認すると、「気骨が有り、思い切った行動ができる人物」とある。さらに、「気骨」を調べると、「どんな障害にも屈伏しないで、自分の信念を押し通そうとする強い気持ち」とある。なるほど、今や日常では、その言葉は聞かなくなるはずである。いわゆる「大物」がいなくなり「小物」ばかりになってしまったのである。「小物」は弱いから群れて同じ方向へ、同じ所作で動くという術しか持たない。また、以前はとがった人物も多かった。ちょっとのことでは妥協しない、譲らない人物が多かった。とがればぶつかる機会は多くなるのは、形状を見れば物理的に明らかであろう。丸い性格であれば、お互いが擦《こす》りあうだけで相手を傷つけることは少ない。自分が傷つきたくないから丸くなる。とがらなくなる。そして、ぶつかり合いはなくなるというものである。「侍」はいなくなり、とがった性格の人物も少なくなってしまった。意見のぶつかり合いがない組織に、発展の可能性はあるのだろうか。このような状態を「統制がとれた良好な組織」といえるのだろうか。今の世の中を見ていると、そう思えてならない。日本全体がそうなのだろう。

2　支店長になると「人」が変わる、以前の部下に驚くその元上司

事務ミスが続き、人間関係もギクシャクし、雰囲気が非常に悪くなった支店があった。支店長のリーダーシップの欠如が起因しているとして、早速支店長を交代させ刷新が図られた。そのときの、新しい支店長の元上司の言葉が、次のようであったという。「今度の支店長なら大丈夫だ。昔、自分の部下として好評価の人物である。間違いなく今の悪い状況を改善してくれるはずだ」との内容である。ところが、豈図《あに》らんや、新支店長の下でさらに状況は悪化したのである。元上司は、当時部下であったその支店長をどう評価していたのであろうか。そこまで断言したのだから、支店経営を任せられる人材として、当時は高く評価していたに違いない。

支店長になるまでは「上《うえ》」には忠誠心旺盛で従順に仕えた模範生だったのか、

あるいは上司に自身の本性を隠して上手に取り入ったのか、前者ならまだ善いとしても、もし後者なら、上司の部下を評価する眼力を疑わざるを得ないのである。処世術を巧みに使う、いわゆる「イエスマン」を高く評価してしまう愚行は、組織をダメにする。そして、人格的に劣るにもかかわらず、巧みに昇格・昇進していった人物の下で、その後、部下として働く「勤め人《つとびと》」たちは、その人物の犠牲者になりかねない。上に立つ「勤め人」は、その影響力が強いだけに、人事評価には極めて慎重な対応が求められるのである。

上手に取り入ってくる部下は、上司にとって心地よく可愛いかもしれない。その巧みさは、昇格・昇進の適格者であるかどうかの評価を狂わせてしまう。組織を良くしよう、強くしようとの熱意から、時に今のやり方を非難する耳障りなことを言う部下こそ高く評価すべきなのだろう。人事評価には細心の対応で、人物を「見極める力」が必要である。状況に合わせ、巧みに態度・行動を変えられる「多重人格の持ち主」である日本人。とはいえ、情報を集めよく観察すれば、本性が分かる場面はいくらでもあるはずである。

本性を隠して「上」に上手に取り入ろうとする「勤め人」は、組織をダメにする「勤め人」である。「上」には忠誠心を示そうと最敬礼で仕え、「下」にはその人格を無視して自分の私有物のように扱うのである。どの組織にも必ず出現するタイプで、その態度に惑わされずに正当な人事評価をしなければならない。擦り寄ってくる姿勢にだまされないよう、組織のためにしっかりと本性を見破り、その人間性を確かめなくてはいけない。

そして、筆者が若いころ、一緒に仕事をしたこともある同僚の例である。その同僚は、明るく気さくな性格で、ホンネで生きることを信条とする「勤め人」であった。ところがその後、どんどん昇進するにつれ、タテマエとホンネを巧みに使い分ける処世術を覚えたようである。その同僚の聞きたくない数々の話を耳にし、「まさか彼が」と驚いたのである。「彼を信用して案件を一緒に進めたのは良いが、雲行きが悪くなるや自分は関与してないと、はしごを外され痛い目にあった」とか、「真面目で実績を積み上げた、誰もが有能と認める部下を感情的な叱責で異動させた」など、彼を非難する話を聞くのである。耳を疑うばかりである。今では全く疎遠になっているので、本人に真相を聞くことなく終わっている。そうでないことを願いたい。もしそうならば、なぜそのようになってしまったのか。昇進を重ねるうちに、残念にも人間性が変わってしまったのだろうか。いや、生まれながらにそういう性格・人間性の持ち主であり、本性を現しただけなのかもしれないとも思ってしまう。人間の生き方というものは、地位が上がり、権力を得るとこのように変わるのかと、改めて感じる次第である。そして、このような例は彼だけではない。どの世界でも、どの組織であっても、またいつの時代でも、当たり前のように生じるようである。

なぜ、犠牲者を出す前に、そういう性格・人間性を持ち合わせていることを早く見破ることができないのだろうか。人事制度で「勤め人」を評価するのは上司たちであり、数次に段階を追って複数で評価するが、一番影響力があるのはその時の直属の上司である。この仕組みで考えれば、まずは直属の上司に「能力を高く評価され、いかに気に入られるか」という一点に絞られることになる。そして、いつ、どこでも、どの上司にも気に入られる巧みな処世術を身に付け、なぜかそれが「勤め人」の大事な能力スキルの一つになってしまう。そうして段階を経て高評価が積み上がれば、「ハロー効果」が働くようになる。優秀な「勤め人」としてのレッテルが張られ、それに引きずられ、その他の項目が歪められるのである。そうなればしめたもので、その「勤め人」の弱点や劣った点は、特に目立つ事案がなければ露見せず、裏に隠れたままで通り過ぎてしまう。

いずれにしても、自分の同僚や部下になる「勤め人」の人格を軽視し、犠牲者にする結果を招くようでは言語道断である。その人物が有能で優れた点が多々あったとしても、組織にとっては、トータルでマイナスの方が大きくなってしまう。よって、評価者となる上司は、日ごろから確かな「目利き力」の陶《とう》冶《や》に努めなければいけない。「目利き力」を高めるには、本性を見抜く、部下との日ごろのコミュニケーションが必須であり、これこそが企業という組織における上司である「勤め人」の一番大事な役割かもしれない。部下が、言葉巧みに擦り寄ってきたら、要注意である。

3　少数の力ではどうにもできない悪弊を強いリーダーが変革する

評価が極めて高く、支店長も一目置く中間管理職が、職場の労務環境を悪化させた例である。毎日の長時間労働や休日返上での勤務が、その「勤め人《つとびと》」個人だけの行動であれば早期に改善策も見つかるだろうが、支店の大半が「その行動を見習え」とばかりにその人物の同調者になれば、その悪弊の変革は極めて難しいものとなる。「かくれ同調者」も加われば、手の施しようがない。

その人物とは、それまでどの勤務地においても個人成績は常にトップで、極めて評価が高かった、筆者の上司（男性）のことである。身のこなしもスマートで気遣いも巧みであったことから、女性社員の人気も抜群であった。それもあってか、過去に仕えた支店長からの期待も大きく、昇格・昇進は同期で一番早かった。その上司は帰社時間が考えられない程に遅いが、毎日それなりの成果を上げての帰社だったので、当時の支店長も敬意を表する態度で接し、高く評価していた。

それに対し、当時職員組合（労働組合）の中央執行委員をしていた筆者は、その異常ともいえる帰社時間の遅さと、それがもたらす職場労務環境の悪化に閉口し、その改善策に悩んだ。管理職が率先して遅くまで頑張ると部下にその同調圧力が強く働き、長時間労働など、悪弊がどんどん感染し、まん延するのである。一方で、その上司の時間管理について、「日中の時間の使い方に、何をしているのか疑義あり」とのうわさもあり、一部の人間は前から強い不信感を抱いていた。組合役員の立場を抜きにしても、その状況には目に余るものがあるとして、勇気を持ってその上司に是正を強く依頼した。しかし、全く聞く耳など持たず、「仕事に対する姿勢が甘い」と、こちらの方が叱責される始末であった。同僚たちも労務管理よりも業績拡大に重点を置き、その上司を支持し、是正を切望する筆者と一部の同僚は、多数を相手に孤立し、異端児扱いとなってしまった。この時、上司側に付いた方が自分にとって都合が良いとした「かくれ同調者」もいたに違いないが、筆者たち少数では抗うことは不可能だった。

その状況が反転したのは、定期異動での支店長交代であった。新しい支店長は筆者が新入社員時代に仕えたことがある尊敬する支店長で、事の本質を鋭く捉え、いい加減な対応を絶対に許さない性格と行動の持ち主である。期待したとおり、支店長は、その上司の不可解な行動に早速不信を抱き、詰問したのである。「日中誰に面談し、何を交渉しているのか」、「管理職として然るべき立場の人に会っているのか」、「その程度の活動内容で、なぜ帰社が遅く毎日長時間労働になっているのか」などなどである。それに対し、その上司は返答に窮し、いい加減で取り繕った回答をするので、支店長の逆鱗《げきりん》に触れたのである。皆の前での厳しい叱責であった。すでにしっかり、いわゆる「裏」は取れていたのだろう。

評価される弱い立場である部下にとって、上司に従順であることは、悲しいかな、一番の処世術になってしまう。しかも、是正を期待する側が間違いなく正当だとしても、そもそも人数が少数では、その抵抗圧力が強いうちはいくら奮戦しても是正はできない。そしてこの件を通じ、有能な強いリーダーが支店を経営すれば、すぐに状況が変わると改めて感じた次第である。一方で、後から聞けば、実際には、同調した同僚たちもほとんどがその上司の行動に不満や不信感を抱いていたとのことであった。筆者はその上司の下では、支店の業績進展の抵抗勢力・不満分子と見られたようで、評価は低く苦渋を味わったのである。よって、そういう「勤め人」が昇格・昇進していくようでは、組織に犠牲者が増えるばかりである。

やはり、組織を変革するには、本質を鋭く見抜く有能な強いリーダーが必要である。学校の「いじめ」問題も、同調しないと次は自分が「いじめ」の対象にされるという怖さから、やむなく「いじめ」をする側に回ってしまうそうである。しかし、「いじめ」をしない少数派が、努力を重ねて多数派に変わるか、担任が「いじめ」をつまみ出す毅然とした行動を取ることで、「いじめ」問題は解決に向かうとのことである。今回のケースはまさに後者である。本質を捉えられる「観察眼」の鋭い、「目利き力」がある強いリーダーが悪弊を一刀両断に改善したのである。

4　早帰り・有給休暇取得運動をすると業績が伸びないと真剣に悩む管理者

メンタルヘルス面からも、ワークライフバランスを充実させる観点からも、メリハリある労働時間の管理と権利としての有給休暇の取得促進は、極めて重要である。「働き方改革」で法制度が整備（２０１９年４月から段階的に施行）され、国を挙げて改善の方向にあることは間違いない。しかしながら、休みを取らず長時間頑張ることが、いまだに日本では「勤め人《つとびと》」の美徳とされることから、長時間労働の削減と有給休暇日数の未取得解消は未だに難しい課題である。このままでは、この先いつまでも、「古くて新しい問題」であり続けるであろう。一生懸命に頑張ることを高く評価する価値観がなくならない限り、また「うその勤勉」を見破る鋭い「観察眼」を管理者が持たない限り、解決しない問題である。時間当たりの生産性が他の先進国に比べて極めて低いことを考えれば、労働に対するそもそもの考え方や取り組み姿勢を根底から変えていかなくてはならない。

ところで、もう20年余りも前の話であるが、筆者が本部の業務推進部門にいたとき、早帰り運動（ノー残業）と有給休暇取得促進の強化が、人事部主導で実施された。そのとき、複数の支店を指導する立場にいる「勤め人」が真面目な顔で、「こんな施策を実施しては、この大変な時期に業績は間違いなく落ち込んでしまう」と真剣にそれを憂慮する発言をしたのである。業務の効率化を図り、今まで当たり前として行ってきた業務を見直すチャンスであるはずだが、そもそも絶対時間が減少しては業績が落ちると言うのである。加えて、日ごろから業務の見直しをしているので、今さらこの機に改めて、それをする必要はないとの自信ある言い分である。

昔、筆者たちが大学受験をするころ、今も残っているのか知らないが、「4当5落」という言葉があった。受験生は睡眠時間を削って受験戦争に勝ち残れという意味合いでつくられた四字熟語で、睡眠を5時間取っていては落第で、4時間にして勉強の絶対量を増やせというものである。眠い目を擦りながら勉強をしても集中できず、効率的であるはずがない。まさに精神論の何物でもないのである。仕事中毒の人、ワーカホリックの人にしてみれば、休みを取得したり、仕事を早く切り上げることは、心やすらかになれず耐えられないのだろう。そして、勤勉を美徳と考え、ひたすら他人より頑張ることで昇格・昇進してきた「勤め人」にとって、好きな（？）仕事ができない時間は苦痛の時間に他ならないのである。それまで、そういう上司の下で働いてきた「勤め人」はその犠牲者であり、不幸だったと言うしかない。また、その人のあとを引き継いだ後任者は、効率や生産性に無頓着なそのやり方に閉口し、その態勢の改善にさぞ苦労したに違いないであろう。個人商店の店主ならいざ知らず、人間関係が複雑に入り込む組織にとっては、まさに迷惑な罪悪ともいえる「働き方」である。

「パーキンソンの法則」にもあるように、勤務時間が長くなれば長くなったで、その時間に合わせて仕事が間延びするだけで、成果は変わらないのである。勤務時間の短縮につながる早帰り（ノー残業）・有給休暇取得運動は業務見直しの絶好のチャンスである。そして、「一生懸命に働かない」コツをつかむ好機である。早帰り（ノー残業）・有給休暇取得運動をすると業績が伸びないとするのは、そもそも発想自体がおかしいのである。逆説的ではあるが、一生懸命に働かない「勤め人」を高く評価する、そして頑張らない仕組みをつくることこそ、生産性向上にとって不可欠かもしれない。一生懸命に頑張る「勤め人」がいることで、企業という組織が被《こうむ》るマイナス効果は大きいのである。

仕事の成果が同じ場合、残業をせず、休暇を権利として積極的に取得する「勤め人」と遅くまで残業で頑張り、休暇をめったに取らない「勤め人」を比較すると、労働生産性が高いのは前者であることは明白である。にもかかわらず、なぜか日本人は、後者の方が一生懸命に頑張っているように見えるから、高く評価してしまいがちである。自分の生活時間を犠牲にしてまで働く姿に好感を持ち、じっくり丁寧に時間をかけて仕事をしていると錯誤してしまうのである。先述の支店を指導する立場の「勤め人」などは、本人の時間感覚が乏しく一生懸命に頑張るから、対象となる支店は、そういう「働き方」をするよう指導されるので大変であったに違いない。それは、既存の資料を整備し直して提出させられたり、新しい資料をつくらされたりと、資料準備に繁忙を極める始末である。一生懸命に頑張る「勤め人」に関わると、関わる方はまさに難儀する。業績を挽回すべきところが、まずはその準備の段階で疲弊してしまうのである。

そして、本部が支店に送付する通達などについては、内容が簡潔で主旨がしっかり徹底されることが最優先である。それを微に入り細に入り、事細かい内容の分厚い通達をつくれば、よくそこまで時間をかけて準備できた、と高い評価を受けるのである。しかし、その通達を受けて実際に業務を行う立場からすれば、その詳述した内容を読みこなすのが大変で、そのとおり遂行するのはさらに大変になる。何事をするにも細かく丁寧で、一生懸命に頑張る「勤め人」がいると、関係者には有益にならず、その対応に苦慮させられるのである。早帰り（ノー残業）・有給休暇取得運動をすると業績が伸びないと真剣に悩む、えせ真面目「勤め人」に対し、改めて「あなたが企業という組織をダメにする」と申し上げたい。

5 「上《うえ》」が好まない内容を覚悟して提言できるか

企業の成長・発展を左右する経営ビジョンや経営戦略の策定は、経営陣の仕事、トップマネジメントである。一方でそれに基づく具体的施策や戦術は、顧客に一番近い、現場を預かる「勤《つと》め人《びと》」たちの意見を重視して策定される。「下」からの意見を汲み上げる、これこそが日本的経営の強みである「稟議《りんぎ》」制度という仕組みである。「勤め人」の創意工夫や発案がトップマネジメントまで反映する、巧みな意思決定の形である。それは「上意下達」でなく「下意上達」ということである。「勤め人」一人ひとりが、「勤め先」企業のために意見を具申していく仕組みである。成長・発展する企業は、そこで働く「勤め人」たちが意見を自由闊達に出し合える企業風土を持っているのである。これからも成長・発展し続けるために、日本的経営の強みであるこの制度を十分に生かしていかなければならない。

いわゆる優秀な「勤め人」はこの制度を利用して、「上」が考えていることを先読みし、「上」が好みそうな内容を進んで具申していくのである。企業という組織をマネジメントする「上」にとっては、察しが利く「勤め人」が一人でも多くいれば、頼もしくて心強い。そして、この打てば響く「勤め人」が増えていけば、業務の執行は苦労も少なくて済む。以心伝心で先行して「上」の意向を実現してくれるので、そういう「勤め人」は抜てきされ、どんどん昇格・昇進していく。しかし一方で、「下」から提案する判断の基準が、企業の利益のためというよりも、「上」に気に入られることが主目的となり、結果として「上」が好みそうな内容を提案するようになると様子が違う。こういうケースが常態化し、経営がおかしくなる事案はよく耳にする。さて、筆者が40年余「勤め人」をしていた企業は、「上」の価値基準が企業利益の最大化と社会への貢献そのものであったから良かったのである。当然と言えば当然であり、もしそうでなければ大いに問題があったことになる。また、「下」の意見が反映される各種会議や提案制度などがあり、活発に提言や意見交換ができたのである。そういう何でも言える、自由闊達な社風でなければ大変なことである。もし経営に問題が生じたならば、「愛社精神」が旺盛な「勤め人」は、覚悟を決めて「上」が好まない内容も提言しなければならなくなるのである。さらに、トップマネジメントが企業に損失を与えかねない間違った方向だったらどうなるのか。「勤め先」企業のためを思い、「上」の考えに対し、勇気を持って意見を言わなければならないことになる。そういう行動が取れるようにするためには、普段から「勤め先」企業の健全な成長・発展こそを最優先に考えていなければいけない。

ところで、「勤め先」企業の将来を憂い、「これはおかしい」、「このままではダメだ」と思ったとき、果たして「上」に勇気を持って異を唱えることができるだろうか。さらに問題は、どういう方法を取ったら実現できるのか、である。「言っても何も変わらないだろうから、言わない方がいい」、「言って反感を買えば、自分が干されるかもしれない」などと警戒心や恐怖心が起きて、諦めが先に脳裏をかすめるに違いない。しかし、そこで手をこまぬいていてはダメである。まずは、自分の考えを同僚とのインフォーマルな形、すなわち雑談でホンネをしゃべり、皆も同じ考えであることを確認する。孤立し、予期せぬ災いが降りかからないよう、まずは同僚の言質を取るのである。それができたら、次は上司の同意を取り付け、上司を通じて話を前に進める。上司は、その事案に関わりそうな他の部署の管理者に話し、順次同意者を増やしていく。そして部長に、さらに部長を通じて担当役員にという階層を上へ上へと着実に進めていくわけである。最後は担当役員が「上」に提言をする、というやり方である。トップマネジメントが十分に機能していれば、「下」からの耳障りな意見にも間違いなく耳を傾け、議論を通じて最良の結論が導かれるであろう。「勤め先」企業の健全な成長・発展を最優先に考えれば、たとえ「上」の反感を買おうが、「勤め人」たちは覚悟を決めて、これを実行しなければいけないのである。

極端な例として、昔、近世大名と家臣団に見られた「主君押込めの構造」という仕組みがあった。すなわち、「藩」の安泰と存続を強く願い、重臣が覚悟を持って主君に諫言《かんげん》をする仕組みである。そして、名君であれば、真摯に対応してくれるのである。もしそうでなければ、主君を幽閉し改心するのを待つ。さらにそうでなければ、主君を交代させるという、藩の存続と繁栄を最優先にするやり方である。

そのような事態になることはありえないとしても、「下」の意見をトップマネジメントまで反映させる、これこそ日本的経営の強みである本来の「稟議」制度である。つまり、「下意上達」のシステムである。強い「愛社精神」をベースに、「勤め先」企業の健全な成長・発展を願い、「勤め人」たちが主体的に行動する仕組みである。「下意上達」で企業という組織は強く・正しくあり続けるはずである。そのためにも「勤め人」一人ひとりは、日ごろから真の「愛社精神」を培い、いざというときには、反感を買ってでも自分の意見を言う覚悟を養っておかなければいけない。「勤め人」が今関わる「勤め先」企業は、まさに「わが社」なのである。「わが社」を良くしよう、強くしようとする思いは、「愛社精神」があれば、「上」も「下」も皆同じはずである。

6 「貴職」自ら率先して働く大きな過ち

業績が低迷し、先行き不透明な状況が続くと、打開策として必ず精神論が頭をもたげてくる。さらに厳しい状況が続けば、「貴職」自らが率先して働くようにと指示が出るのである。「貴職」とは、「現場の長」である支店長のことである。そして、業績が伸びないのは、「気概が足りないからだ。根性が足りないのだ」と指導され、支店長自身の働きぶり、いや動きぶりに注意が向けられる。「自らが率先して営業にまい進しているか。しっかり活動しているか」とチェックされるのである。このとき、自信がない支店長は、悪い評価をされてはいけないと、バタバタと動き回ってしまう。支店長まで昇進する「勤め人《つとびと》」は、特に真面目で責任感が強いので、熱意とやる気を見せなければと、朝早くから率先して外訪活動にまい進する。勤勉を美徳として働いてきた「勤め人」にとって、悲しいかな、反射的に一生懸命動いてしまう。成果が出ないとしても、頑張っている姿勢を見せないと評価が下がると考えてしまうのである。

しかし、「現場の長」支店長という立場は、「組織の要」である。その役割と責務は、泰然として部下に的確な指示・命令をし、それをフォローすることであり、軽々に動かないのがセオリーである。業績が伸びないときなど、自らが率先して動きたい気持ちは十分に理解できるが、決して忙しそうに動き回ってはいけないのである。動き回っていては全体像がつかめず、大局的な視点からの判断ができなくなってしまう。現場の長がバタバタと慌てふためいていては、組織全体が浮足立って、予期せぬマイナスの事象も招きかねないことになる。

筆者は、支店の営業を支援・指導する立場と支店を任される立場の両方を経験している。支店の営業を支援・指導する部署にいた時は、景気が低迷し業績進展が厳しい時でもあったので、「何しろ頑張ってほしい。それには支店長自らが率先して働き成果を上げることだ」と指導する役割を担うことになったのである。担当する部署全体にその方針が徹底され、機会あるごとに、支店長には「貴職自ら頑張れ」というメッセージが伝達されたのである。よって、「現場の長」である支店長は、「貴職自ら頑張れ」の号令に従い、支店長席に悠々と座っていてはいけない状況であった。「じっとして動かない」ことも立派な動作であり、行為の一つであるのに、支店長は席に座って、じっとしていてはダメなのである。

業績が伸びない支店の不振理由を検証する際に、一番に挙げられる要因が、「支店長がほとんど毎日席に座りっぱなしで、渉外活動をしていない」という内容であった。一方で業績進展が著しい支店については、「支店長が終日率先して渉外活動に出向き、支店全体に緊張感が走り、部下たちはうかうかしていられない、頑張らざるを得ない状況だ」という評価である。そしてさらに、「その頑張る、優秀な支店長を見習え」と、その模範事例が全支店に披露されるのである。こうして、「現場の長」である支店長には、プレーヤーとしての比重が、有無を言わせない形で増えていくのであった。重要案件などは、経験が浅い部下に任せるよりも「自分でやった方が早い」とばかりに、率先垂範型の対顧客交渉が増加する。支店長が頑張るので、そして支店長に面倒をかけてはいけないと、部下たち「勤め人」もへとへとになるまで頑張らざるを得ないのである。そして、当然というべきであろう、業績は最優秀評価へと、大いに盛り上がる結果につながるのであった。

ある時、業績進展で連続して最優秀評価を受けた支店長のコメントを間接的に聞く機会があった。「素晴らしい活躍で『支店長の手本』ということだが、この地区で業績をどこまで伸ばすのか」との質問に、「特に具体的な指標はない。際限なく、とことんやれるところまでやるのだ」との返答であったとのことである。頑張る支店長の心意気はさすがに違うと感心したものの、一方で、目標となる指標がないのはいかがなものかと疑念も抱いたのである。拡大路線を標榜《ひょうぼう》して攻め続けることは良いとしても、経営資源は無尽蔵にあるわけではない。もし、時間管理・労務管理をないがしろにして業務を推進すれば、その下で働く部下たちは疲弊し、マイナス事象を招く恐れもあるのではと危惧する次第であった。数か月程度の短期決戦であればまだしも、何年かにわたっての全力投入は、さすが無理ではないだろうかと思ったのである。しかし、筆者が部署を変わったこともあって、そのあとのことはつぶさには知らない。

さて、筆者もその後支店を任された時、支店の営業を支援・指導する部署でそのやり方を手本とするよう指導した手前、自らもそれを手本として頑張らざるを得ないのであった。赴任店は特に業績が不振続きであったので、立場上汚名を着せられてならないと、必死になって率先垂範型の渉外活動を行ったのである。しかしあるとき、取引先の、地域でも名高い名経営者から忠告をいただいたのである。「長たる者は泰然と構え、ここ一番という時に初めて動くものだ。気持ちは十分に理解するが、支店長自らが忙しそうに動いてはダメだ」ということである。「そうは参りません」と言いかけたが、「なるほど、そのとおり」である。経営とは何たるかを身を持って体得し、勉強された名経営者である。それは説得力ある言葉であった。長たる者は、戦いの司令塔である。どっしりと構え、戦況を見極めて的確な指示・命令を出す。刻々と変化する状況に合わせ、最も効果的な戦略を考え、戦術を指示していく。それこそが大事な役目である。その忠告は、「貴職」自ら働いてはいけないともとれるものであった。中間管理職はプレーイングマネージャーであるが、「現場の長」支店長は支店の経営者であるから、マネジメントに全力を投入すべき、ということである。ところで、経営者が働くとは、それこそどういうことを言うのだろうか。

そうなのだ、「『貴職』自ら率先して働け」とは、言い方自体は全く間違っていないのである。ただそれは、「貴職」がじっとしていては周囲に侮られるので、そうならないように遮二無二動けということではない。バタバタ動かず泰然として、しっかり知恵を絞り出せ、ということなのである。必死になって戦略を策定し、それにふさわしい効果的な戦術を編み出す。そして、「いつ、誰が、何を」するか、的確な指示・命令を下す。この一連のストーリーを必死になって描き出せ、ということなのである。もちろん、状況が変化すれば、また知恵を絞り出して修正をしていかなければならない。そして、ここ一番と判断したときに初めて、満を持して動くということなのである。すなわち、「現場の長」支店長は、全身全霊をつぎ込んで、知恵を絞り出すことが仕事なのである。限られた時間の中で、「ヒト・モノ・カネ・情報」という経営資源をいかに効率良く活用するかということを熟考し判断する、これほど責任が重いハードな仕事はない。もちろん、恒常化する時間外労働で、部下である「勤め人」たちを私有物のように扱い、疲弊させることは言語道断である。それでは、いくら業績が伸展したとしても、「現場の長」支店長は失格である。「現場の長」支店長が先頭に立って遮二無二動けば、部下である「勤め人」たちはそのあおりを受けて、もっと動き回らなければならなくなる。ムダとしか言えない「うその勤勉」が常態化する事態にもなってしまう。つまり、「『貴職』自ら率先して働け」とは、「『貴職』自ら率先して知恵を絞り出せ」ということだったのである。解釈が全く間違っていたのだと改めて猛省する次第である。経営者は、評価を気にしして自らがバタバタと「うその勤勉」を装っては失格である。泰然として、付加価値の高い生産性が上がる仕事、収入（給料）に見合う仕事を心掛けねばならないのである。

7　処遇が変わってもモチベーションが下がらない「勤《つと》め人《びと》」たち

大手企業などでは、人事政策として出向の仕組みがある。グループ企業や取引先企業などへの異動が命ぜられる。主に、「勤め人」のそれまでの実績や経験を勘案し、本人の希望も聞いて行われる人事異動である。もちろん人事であるので、希望どおりとはいかないケースが発生する。多くの「勤め人」は「本業」を卒業し、いわゆる「第二の人生」へリセットするわけである。今までの「本業」とは違う仕事を覚えなくてはならないし、出向先の企業文化がそれまでとは違うから、戸惑いも生じる。処遇が変わり、そこでの新たな職位となるので、意識変革が強く求められる。特に取引先企業など外部への出向は、環境すべてが変わることになるので、長年同じところで過ごした「勤め人」にとっては、戸惑いも大きい。いずれにしても、「勤め人」としての新たなスタートである。

雇用の延長策の一環として異動する高年齢者については、いわゆる「現役時代」に比べて、処遇が大きく変わる。役職定年後の出向者も、これまでよりも賃金が下がる。よって、それに見合った「働き方」をすれば良いと考える「勤め人」が、正直なところ、大半である。それはそれで合理的な考え方である。しかし中には、一部ではあるが、緊張の糸が切れ、モチベーションを一気に下げてしまう「勤め人」がいる。頑張っていた人がモチベーションを下げる様子を見るのは、ある意味で寂しい思いがする。一般的なことであるが、頑張っていた「勤め人」も、閑職に追いやられると責任も軽くなるからか、張り合いをなくし、それまでのようには働かなくなってしまうのである。いわゆる「働かない中高年」として揶揄される「勤め人」たちであろうか。しかし一方で、以前同様に、いやそれ以上に頑張る「勤め人」たちがいるのである。その両者、同じような職位で高いモチベーションで仕事をしていた「勤め人」が、雇用延長での出向などの異動を境にして、仕事ぶりに大きな差異が生ずるのである。パフォーマンスに大きな乖離《かいり》ができる。なぜだろうと首を傾げざるを得ない現象である。

モチベーションを下げてしまう「勤め人」は、ごく少数であるからまだ救われるのだが、その周囲に与える影響が懸念される。それは、人格者であるはずの支店長経験者などが覇気をなくし、自分勝手ともいえる振る舞いをしてしまうケースである。周囲がそれを見て、いわゆる「反面教師」にすればまだ良いが、その影響を受けてやる気を下げてしまえば、その損失は大きい。滅私奉公でこれまで十分に貢献してきたから、これ以上、一生懸命に働かなくても良いのでは、という心理になるのだろうか。ただその状況から判断し、人間は評価を意識しなくなると本性を表す、とだけは思いたくない。それなりの職位にあった「勤め人」であるから、「みっともない生き方だけはしたくない」と自分で自分を律する気持ちを持ち合わせていてほしいものである。一方で、以前に誰かが評価したように、「日本人は本来勤勉ではない、我欲で動く国民性だ」という見方が、残念ながら当たっているのかもしれない。日本人は、自分自身への見返りがあれば、それを期待して一生懸命に働き、それがなくなると働かなくなるということだろうか。よって、昇格・昇進という外発的動機づけがあったから、それが誘因となって働いていただけなのだ、と考えてしまう。それでは「人生寂しい」、と思うのは筆者だけではないはずである。

人事評価制度で評価者から高い点数を得たいがために働く心理は、そこに強弱はあるとしても、「勤め人」は誰もが持ち合わせている純粋な心理である。それは、自分を認めてもらいたい、少しでも良く見られたいという欲求、すなわち「承認欲求」である。一方、雇用延長などで異動しても、今までと変わらない仕事ぶり、さらに今まで以上に頑張る人の場合はどうであろうか。きっと、この「承認欲求」より高次な欲求といわれる「自己実現欲求」に近いものに突き動かされているに違いない。それこそ、他人がどう評価しようが、自分が納得し、満足する高い成果を実現しようとする強い思いである。内発的動機づけが、一生懸命に働こうとさせているのである。それは、自分に与えられた仕事に対する真摯な態度であり、いい加減で終わらせたくないという強いこだわりであろう。周囲や上司などではなく、自分自身が評価者になって自分を評価し、きっと仕事そのものを楽しんでいるに違いないのである。引き続き人事評価があるとはいうものの、軽微なものとして気にしなくて済むようになり、伸び伸びと仕事ができる喜びを感じているのであろう。これこそが、「勤め人」としての理想の「働き方」であると思うのである。他人の評価がなくても頑張る、評価があったとしても気にせず働く、そんな「勤め人」を目指したいものである。そして、「働かない中高年」と揶揄され、お荷物扱いにだけは絶対になってほしくない。若手の「勤め人」には、将来の自分を想像し、今から評価を意識しない「働き方」を身につけていきたいものである。

第３章

欧米文化の模倣から脱却し、日本人の精神性を取り戻せ

1　個人の自立を求める「武士道」と本来の日本型組織

「武士道」という言葉は、戦後、米国の指導のもとで復興し経済成長を遂げた日本では、今や忌避されがちな倫理意識になっている。一方、国際的なスポーツ競技では、日の丸鉢巻きをして「侍《さむらい》ジャパン」と絶叫し、対戦あるごとに「侍」の文字を見聞きするのだが、「武士道」という言葉はほとんど目にしない。それは、全体主義的な考え方の下、戦争というものに国民の大事なものすべてが投下され、そのバックボーンが「武士道」であったからであろう。そのとき「武士道」を大義にして、今では考えられない無謀で非道な行動が、平気でまかり通ったのである。ところが、「手の裏を返す」ことが得意な、変わり身の早い日本人。その同じ日本人が終戦の日を境に、全くの別の日本人になってしまったのである。それ以来、「武士道」という言葉には、忘れてしまいたい、許しがたい思いが付きまとうようになったのである。

しかし今でも、スポーツの国際大会で戦う姿は、日本を挙げて「侍」を理想として戦う、これまた不思議である。選手と応援が一体となり、危機的な状況になればなるほど、想像を超える力を発揮する。土壇場で、神がかり的な劇的勝利をチームに呼び込むのは、なぜか「侍」たちである。ここ一番というとき、日本人の心のよりどころは「武士道」にあるようである。普段は表に出さないが、日本人の心に通底する精神性は、やはり「武士道」なのであろう。

日本人が誇る精神性である「武士道」が、軍部に都合の良い、実に手前勝手な「戦陣訓《せんじんくん》」にすり替えられたのである。この憎き「戦陣訓」は、明治初期にできた「軍人勅諭《ちょくゆ》」をベースに作られたもので、太平洋戦争が始まる年である昭和16年の1月に当時の陸軍大臣東條英機が示達《じたつ》したのである。そして、「死ぬまで戦う」という訳の分からぬ、死を美学とする思潮が正義とされてしまったのである。「武士道」精神という倫理意識の恣意《しい》的で勝手な解釈も甚だしいのである。それ以降、全く正気の沙汰とは思えない、今ではあきれるばかりの蛮行が際限なく続いたのである。よって、敗戦した日本、そして日本人は、戦後「武士道」という言葉に拒絶反応を示し、それに対しアレルギーを感じるようになってしまった。そして、日本をダメにする代名詞の一つにしてしまっているのではないだろうか。

ところで、バブル経済の崩壊後の30年余にわたる低迷に対し、今の日本は有効な打開策を打てないままでいる。過去とは違う、簡単には解決できない複合的な要因があるのだろうが、その一つひとつの施策になぜか場当たり的で大局観というものが感じられないのである。そのうち誰かが何とかしてくれるだろうと、切迫感や緊張感が感じられない状態が続いている。日本人一人ひとりに当事者意識が全く感じられないのである。まさしくこれは、今の日本人が「武士道」精神を忌避し、忘れようとしているからだと言わざるを得ない。日本人の身体には、DNAとして「武士道」精神というものが、間違いなく引き継がれているはずである。この精神性を眠りから早く呼び覚まさなければいけない。スポーツの国際試合になると、日本人が期待を寄せる「侍」精神である。しかし、政治や経済などの場面で、危機的状況に際しても、「侍ジャパン」と叫ばれることはなぜかないのである。

さて、「武士道」については、日本人の誰もが新渡戸稲造の著書である『武士道』を思い起こすであろう。この著書は、日清戦争と日露戦争の間の明治32年（1899年）、欧米列強の仲間入りを果たそうとしたころに出版されたものである。ただし、その内容は主に日本の道徳観・倫理観を海外に紹介するものであり、本来の「武士道」を記述したものではないようである。筆者もこの本を読んで、「これこそが日本人が誇る『武士道』の真髄だ」とし、日本人として持つべき気概や品格ある生き方ついて啓発されたのであった。しかし、その他の「武士道」に関連する書籍を読むと、これとは違う「武士道」というものを改めて知ることができる。

そこで特に、国際日本文化研究センター名誉教授笠谷和比古氏の著書の中から、「武士道」思想を抽出することとする。その著書『武士道と日本型能力主義』で、「武士道」を、

集団に埋没してしまうことのない個人の自立という課題に大きな関心を抱いていたもの

と位置付け、さらに、組織と個人の関係（徳川時代の武士道）について、

個々人は自立の精神を保ちつつ、同時に組織の繁栄をも追及するという、組織と個人との両立的尊重をもって理想としていた

としている。そして、著書『士（サムライ）の思想』では、その「武士道」を、

本来的には、武士の「個」として踏みおこなうべき規範の体系であり、「個」としての人格的感性を目指すところの個体の道徳なのである。……武士の戦闘者としての名誉の掟《おきて》である。戦陣においては一番槍を入れ、喧嘩の場にあっては後ろを見せず、自己の名誉を侵害するものは討ち果たし、傍輩《ほうばい》の窮地を見てはこれを助け、一度約諾をなせば必ず励行し、未練を残さず一命を賭して事に処すべき態度に他ならない……無意味に死を強要するものではなく、武士としての一生を、いかに理想的な形で無事に生き抜くことができるかということを、本質的な課題とするものである。

と説明している。さらに、著書『武士道その名誉の掟』の中で、

武士の社会はいわゆるタテ社会であるから、主君・上位者の命令と統率のもと、決して苦情やわがままを口にせず、全員一丸となり一糸乱れぬ行動をとって目標に邁進していくような組織を思い浮かべるかも知れないけれども、これは誤りなのである。そのような絶対忠誠の精神に彩られたような組織は、外見的には強固であるが如くだが、実は非常に脆くて滅亡することの遠からぬ組織であると言うのである。そうではなくて自己の信念に忠実であり、主命・上位者の命令であろうとも疑問を感じる限りは無批判に随順することなく、また決して周囲の情勢に押し流されていくことのないような自立性に満ち溢れた人物を、どれほど多く抱えているかに組織の強さは依存するという考えなのである。

と強固で永続する組織とは何かについて、「武士道」思想が記述されている。

これらを要約すれば、「武士道」とは、「近世武士の『個』としてのあり方を根拠づけるバックボーンの役割をなしていた」のであり、そして、本来の日本型組織は、「その内部に『個』としての自立性に基づく主体性、能動性を個々の成員が持っていたので強力であり、特に危機的な状況に際し、その対応能力は高かった」ということになるのである。しかし現代では、組織の一員である「勤め人」が「個」としての自立性を自らが放棄してしまった感は否めず、それゆえ事にあたり、主体的・能動的な対応ができなくなってしまったようにしか見えない。よって、企業を強い組織体にするためには、「武士道」という日本人の精神性をぜひとも取り戻さなければならないということになる。

さらに加えるならば、太平になる前の戦国時代の武士は、生き抜いていくためには強い立派な主君に仕えなければならなかった。そして、無能な主君を見限り、立派な主君と主従関係を結ぶためには、自らも「個」として強くあらねばならなかったのである。「個」としての自立性が、より一層求められていたことになる。「個」が確立していれば、主体的・能動的な行動を取ることができるということである。改めてこのことも、今の「勤め人《つとびと》」に強く求められる精神性である。

筆者は多くの「武士道」関連の書籍を読んで、現代の「勤め人」と「勤め先」企業との関係は、昔の「武士とそれを召し抱える大名家（藩）」の関係が原点にあり、そこに共通の精神性が通底していると理解した。しかし、現代は比べものにならないくらい、その関係性が見劣りしたものになってしまっている。問題は、いかにその精神性を覚醒させて、関係性を原点に戻せるかである。よって、その精神性を取り戻せば、今の日本の低迷から脱却する方途《ほうと》が見つかると、その確信を新たにしている。

2　明治維新と戦後復興を担った「士魂（武士道精神）」

「士魂」とは、武士の魂《たましい》であり、武士の精神のことである。筆者は、「士魂」を「武士道精神」と同義であると解釈して、話を前に進めたい。武士の精神、すなわち「士魂」について、筆者が理解する核心の部分は、前節で記述した内容である。それは、著名な学者の著書を読んで自分なりに理解した内容である。本書は学術書ではないから、浅学な筆者の思い込みの部分はお許し願い、持論を展開させていただくこととする。

さて、明治維新を成し遂げた立役者は「士魂（武士道精神）」を持った若い下級武士たちであり、敗戦後の日本を復興させた人たちも、戦前・戦中に「士魂（武士道精神）」の流れを汲む教育を受けた若い世代であった。そうさせたものは、国の危機的な状況に憂い、わが身を捧げて「世のため人のため」に尽くそうとする精神性に起因するものである。先述したように、「士魂（武士道精神）」は、危機的状況に際し特に高い対応能力を発揮する。よって、今の日本の労働生産性の低さと低迷する経済に危機感を覚えるならば、まずは「勤《つと》め人《びと》」一人ひとりが強い精神性、すなわち「士魂（武士道精神）」を備えていなければいけないことになる。しかしそれは、「勤め人」たちの身体の中に眠っているだけであるから、呼び覚ますだけのことであると信じている。とはいえ、手遅れにならないよう、急がねばいけない。負け試合にならないよう、「勤め人」一人ひとりがそろそろ、「侍《さむらい》ジャパン」の「侍」にならなければいけない。

筆者が社会人になったころの役員や幹部社員は、大正から昭和初期生まれの「勤め人」たちであった。旧制の中学校・高校・大学で青春時代を送った人たちである。すなわち、戦前・戦中に教育を受けた人たちである。その「勤め人」たちの親や教師は、明治以前の生まれである。その流れから考えると、人間としての心構えや生き方を「士魂（武士道精神）」を備えた人たちに学校や家庭で教えてもらっていることになる。さらに、戦前に初等教育を受けた彼らは、軍隊生活で「軍人勅諭《ちょくゆ》」や「戦陣訓《せんじんくん》」を暗唱させられ、精神論を叩き込まれたのであった。成人になるまでにこうして教育された彼らが、戦後復興の担い手になり、その後の日本経済の高度成長を牽引した「勤め人」たちになったのである。

今から思えば、当時の「勤め人」たちの精神性やものの考え方は、「人間力」という面で極めて優れていたように思う。それは、周囲に振り回されない確固とした自分というものを持っていたと感じるからである。よって職場では、「私が良いと言うのだから良いのだ。責任は取るから、この案件を前に進めよ」という発言をよく聞いた。特に、ここ一番という重要なときであればあるほど耳にした。そして、「他人は何かにつけてあれこれ言う。他人の言葉を気にしていたら何もできない。言う奴《やつ》には言わせておけば良い。自信を持って前へ進めよ」という指導もよく受けた。また、潔い態度を美学とし、済んでしまったことへの執着やこだわりを醜態とする傾向も強かった。よって、失敗をしたり、事がうまく運ばなかったときの責任逃れと思われる言動に対しては、「みっともない。言い訳はするな」と厳しい叱責が飛んだのである。

そして、高校時代の友人から聞いた話。それは、彼の出身大学の社内ＯＢ会での話である。「士魂（武士道精神）」を教え込まれた大正生まれの役員が、若手の役員に対して苦言を呈した話である。新進気鋭のその若手役員が人事担当の責任者になり、先輩役員に次のような相談をした。それは、「ＯＢ会への参加を控えたい。参加することで、ＯＢ（仲間）の昇進に手心を加えたと周囲に疑念を持たれては、当の本人に迷惑がかかるかもしれないから」との内容である。それに対し、「自分がすることに信念を持ってやらなくては何もできない。手心を加えていなければ自信を持って、堂々と事に当たれば良いではないか。気にせずＯＢ会に参加すれば良い」との返答であったとのことである。この事例でも分かるように、いわゆる「戦前・戦中派」の人たちには、自分の言動に対する強い信念が、敢然と思考の底流に存在しているようである。よって、彼らこそが戦後復興に、そして高度経済成長に、「先導役」となり貢献できたのである。今の私たち「勤め人」がそういう状況に遭遇したとして、果たして同じように成就できるだろうか。現にできていないのではないのだろうか。そして、不可能かと思われる逆境を見事に乗り越える彼らの強い精神性は、果たしてどこから生まれてくるのだろうか。目標に向かって、短期間でそれを成し遂げるエネルギッシュなパワーは、一体どこにあるのだろうか。

ところで、「近ごろの若い奴らは全くなっとらん」というお叱りを昔よく聞かされたし、今では筆者らの世代がよく口にする。筆者が若かったころも、再三こういう言い方で叱責を受け、指導されたものである。医学博士で作家の加賀乙彦氏が著書『現代若者気質』（講談社現代新書）で、当時若者であった筆者たちの所業を厳しく批評している。その他各種メディアを通じ、各方面の識者たちからも、「今の若者は何を考えているか分からない」と痛烈に非難をいただいたのである。しかし、その立派な識者たちも、若いころはおそらくきっと、前の世代から、これほどではないにしても同じような指摘を受けていたのではないかと思うが、どうだろうか。

人は価値観が合うと意気投合する場面が多くなり、お互いを非難し合うことは減る。しかし、価値観が合わないと、些細な事も忌避し合うケースが増える。世代間において、先輩世代がその時の若者世代を非難するのは、価値観が全く違うか、同じ価値観であっても「期待の域」（合格点）に達していない場合に生じるのだろう。それは、日本人として最低限に維持したい、引き継いでいきたい価値観であり、道徳や倫理などの精神性であろう。師匠が弟子を厳しく指導するように「このままでは全くダメだ」と、期待が大きいゆえの悲嘆に似ている。それでは、「近ごろの若い奴らは、全然ダメだ」と嘆く、その判断基準となる価値観とは何だろうか。それは、日本人の心に永続して残してほしいと願う「和魂」であり、「士魂（武士道精神）」に代表される精神性に違いないと思うのであるが、いかがだろうか。

当時は痛烈な批判を受けた筆者たちも、その後の人生での経験を通じ、失敗などして叱責を受けながら、日本人としてのあるべき精神性を会得していったのである。「この先どうなることやら」と絶望視されていただろう筆者たちも、今では若い世代を非難し、指導しているのである。ということは、先達のお墨付きを頂戴できないまでも、それなりの域に達したものと信じたい。しかし残念ながら、上の世代から下の世代へと日本人の精神性を伝承していくのであるが、形を徐々に変えながら、その熱量は少なくなってきているかもしれない。特に戦後、米国型の価値観や文化に憧れ、それを刷り込まれてきたことで、希薄化していることは否めない。こうして、日本人の精神性である本当の意味での「士魂（武士道精神）」は、少しずつ忘れられていくのではないかと、真剣に懸念されるのである。

ところで、「日本人の躾《しつけ》は衰退したか」との問いかけに、著名な教育社会学者が、「衰退していない。以前よりレベルアップしている」という内容の回答をしていた。昔の子どもたちはほったらかしにされ、今に比べ躾など十分に受けていなかったということらしい。これに対し、筆者はその説明内容に首をかしげざるを得ない。現代は、豊かさの中での少子化で、わが子に手をかけすぎるという状況が進んでいる。一方で、兄弟や近所の子たちとの教え合いもなくなり、受験戦争の熾烈《しれつ》化とその反動での徳育の軽視、近隣との疎遠による「地域ぐるみ」での子育て意識の欠如など、決して躾が良化しているとは思えないのである。そして、核家族が当たり前になり、三世代家族での祖父母などからの貴重な教えもすでにない。わが子への過保護や過干渉は、自分で工夫する力や判断する力を育まない。確固とした自律心も生まれない。そのような環境で育てられれば、高い受験学力は備わるかもしれないが、「人間力」に劣り、わがまま本位の「利己主義」しか備わらないと思うのであるが、いかがなものであろう。よって、日本人の精神性である「士魂（武士道精神）」など教わる機会などなく、その言葉も徐々に死語と化していくとしか思われない。残念なことに、そういう人間がこれからどんどん「勤め人」になっていきそうである。

経済低迷が長く続き、国の活力が萎えてしまっている現状を危機的と考えるならば、その危機的な状況を憂い、「世のため人のため」にわが身を捧げる精神性が求められている。「士魂（武士道精神）」はもはや古い考えで、良からぬ方向へ導きかねないと忌避するのではなく、日本人の素晴らしい精神性として見直すべきである。何度も言うようであるが、この精神性こそが、危機的状況に際し特に高い対応能力を発揮するのである。そして、「士魂商才」という四字熟語がある。武士道をこよなく信奉した、明治の偉大な経営者渋沢栄一が理想とした考えである。「士魂」と「商才」という全く違う価値観を掛け合わせることで、より高い次元を目指す姿勢を意味する熟語であると解釈したい。それは、企業が「社会的責任」を果たしながら、我欲のみにとらわれず、成長・発展していく姿である。「商才」だけを競い合うのではなく、「士魂（武士道精神）」を決して忘れてはいけない。

3　自分自身を律する「自分の心に恥じる恥」

米国の文化人類学者ルース・Ｆ・ベネディクトが著書『菊と刀』の中で、欧米人は「罪の意識」で自分を律するのに対し、日本人は「恥の意識」で自分の行動を制御すると言っている。この「恥の意識」とは、世間体を、他人の目を、評価・評判というものを意識することである。自分の行動を周囲がどう見るだろう、どう捉えるだろうかを想像するのである。そして、恥をかかないよう、それに合わせて無難に対応しようとする。判断基準は他人にどう見られるかにあり、他律的なのである。よって、他人が見ていないところでは、普段とは違う大胆な行動もできてしまう。

しかし、日本人は、決して他律ばかりではなく、本来は自律心の持ち主なのであると考えたい。笠谷和比古氏も著書『武士道の精神史』の中で、「ルース・ベネディクトが提示した恥の図式は、明治・昭和の時代ならいざしらず、少なくとも徳川時代までの武士道には当てはまりません」と言い、「今日では、恥というと世間体としての感情と受け取られることが多いのですが、武士道における恥という概念は、自身の内的な心に照らして恥であるということです。言い換えれば『心に恥じる恥』ということです」と述べている。それでは日本人は、いつから「自らを律する心」をなくしてしまったのだろう。しかし、決してなくしてしまったわけではないと思う。日本人の国民性として間違いなく備わっており、心の奥底に隠れているに過ぎないのだと信じたい。

今でも、良否の判断に迷ったときや叱責を受けたときなどに、「自分の胸に手を当てて考えてみろ」と言われることは多い。自分がこれから取る行動やすでに終えた行動の良否について、自問自答せよ、ということである。その行為自体は他律ではない。しかし残念なことに、これも他者から言われてそうするのであって、自発的な行為として自らが行うことはなくなりつつあるようだ。指示待ちタイプが増え、「上《うえ》」からの指示がないから、叱責がないから、しかも誰も見ていないから大丈夫だ、といった気持ちが強くなってしまっている。羞恥心のない、自己中心的な行動が増えていることからも、その点が危惧される。他者から言われなくても、自分自身を律する強い精神性が必要である。

身近によくある話である。子ども（中高生あたり）が自分の部屋にこもり、勉強を頑張っている。親が少しは休憩したらとおやつを差し入れる。部屋に近づく親の足音を察知すると、子どもは読んでいたマンガ本を慌てて机の下など見えない所にしまい込む。間一髪のところで何とかセーフ。勉強に集中していたのではなく、マンガ本を楽しんでいたのだ。親が見ているところでは、一生懸命に勉強をしているふりをする。親が見ていないところでは、今ならスマホゲームだろうか、娯楽に興じる。誰もが経験する、胸をなでおろす緊張の一場面である。なぜ隠すのだろうか。堂々と、「今ちょうど、勉強に疲れたところなので休憩していたのだ。気分転換をしているのだ」と言えないのだろうか。良く見られたいから隠す。後ろめたいから隠す。実はこの行為は、弱い立場の人間が怖さにおびえて取る態度である。しかし、弱い立場でも、普段から信頼と実績を作っておけば、こういう態度を取らなくて済む。何を言われようが、堂々としていれば良い。もちろん、強い立場にいる人間はそもそもこういった態度を取る必要はほとんどない。どう見られようが、自分の方が優位だからでである。

自分が良かれと思ったことであれば、他にはばかることなく堂々と行う。どう思われようが、どう見られようが信念を持って行う。反対に、どうしても納得できなければばしない。不徳だと思えば、絶対に行わない。すべては自分自身の判断である。自分の信念に従って良否を判断する。周囲に惑わされることなく、覚悟を決めて判断することが大事である。頼れるのは「自分の心」である。「自分の心に恥じる恥」を常にわきまえて、自分自身を律しなければいけない。

今の日本の「勤《つと》め人《びと》」は、この点で見劣りするようになってしまった。よって、周囲からの評価を気にしない、自らを律する強い精神性を取り戻さなくてはいけない。「罪の文化」で育った、自律心旺盛な欧米の「勤め人」は、自らの信念に従い、失敗を恐れず新しい事に果敢にチャレンジするだろう。自己効力感も高いといわれる。それに引き換え、日本の「勤め人」は自己効力感が低く、周囲の顔色をうかがいながら、失敗を恐れ、減点を避ける行動をする。リスクを怖がって果敢に挑戦をしない。豊かさに慣れて、貪欲さを忘れてしまっている。これでは日本は負けが続き、他国との経済力の差はどんどん開いてしまう。「勤め人」個々が、他からの評価を気にしない精神性の強さ、「自分の心に恥じる恥」という自律心を早く取り戻さなければいけない。日本人が本来持ち合わせていたはずの精神性であるから、呼び覚ますだけのことである。

人間には、叱った方が伸びるタイプとほめた方が伸びるタイプがあるようである。一つのことが成就すると、それで安心してしまい、さらに次を挑戦しないタイプの部下は、叱って育てる方が良いようである。一方で、自己効力感や肯定感の強いタイプは、ほめて育成した方が効果的である。自己主張も強く、プライドも高いから、要所で上手にほめれば実力以上のパフォーマンスを発揮する。もちろん、おだてることとは違う。ちなみに、筆者の場合は叱って育てられた方であった。叱られて「なにくそ」と燃えるタイプである。若いころは、「勤め人」としての仕事に対する自律心があまりなかったので、反省している。しかし、しっかり叱られたことで、部下を「叱る技術」が、おかげさまで体得できたように思う。

ところで日本人は、叱った方が伸びるタイプの国民性のように思う。歴史的に、外圧があって目を覚まし、慌てて対策を練り、総力を挙げて必死に国難を克服する。そして、皆で改革を成就し、新しい形をつくり出す。外圧があると内に秘めたものが覚醒し、驚異的な力を発揮するのである。しかし残念なことに、その後平穏な状況が続くと、貪欲さがなく停滞に甘んじてしまう。そして、平穏な社会は日本人を堕落させてしまうのである。もちろん、ほめられれば喜んで、その気になって一生懸命頑張るが、ある程度のところで満足し妥協する。ほめる効果が慣れて薄まり、叱られるときほどにその効果は出ない。ある程度の成果を得るとそれに甘んじ、その先は傍観するという立場になる。

そういう国民性にもかかわらず、今は「ほめて育てる」という考え方が主流になってしまっている。これは米国型の教育法の受け売りのようである。そして、叱ることをしない、いや残念なことに、できない風潮になってしまっている。日本全体が、「叱る技術」を知らない国民になりつつある。「自分の心に恥じる恥」を忘れ、自律心が欠如しつつある日本人。「ほめて育てる」だけでは、「ふにゃふにゃ」になってしまいそうである。叱られて育った筆者としては、真剣に心配している。過保護・過干渉で育てられた今の日本人は、昔に比べて自律心が弱いから、かなり強い外圧がないと「まっとうな人間」にはなれない。

さらに残念なことに、今の若い管理者は「叱る技術」を持ち合わせていない。叱られて育ったのなら、叱られながら覚える技術である。叱られて育っていないから、叱り方、加減、タイミングを知らない。よって、叱ってはみたものの、不幸かな、一気にパワーハラスメントになってしまう例も少なくない。今までにまともに喧嘩をしたことがない人間同士が喧嘩をすると、加減を知らないから、とことんやってしまうという。それに似た例かもしれないが、筆者が「勧め人」だったころの話である。支店の新入社員歓迎会での出来事である。先輩社員が新入社員を歓迎して、「もっと飲め」と酒を勧めたことはいいが、その新入社員が飲まされ過ぎて急性アルコール中毒になってしまったのである。調子に乗って飲む方も飲む方であるが、実は勧めた先輩は全くの下戸《げこ》で、一滴も飲めない人物だったのである。このとおり、加減を知らない者が、体験していない事をすると、大変な事態も招くという事例である。このことからも分かるように、「勧め人」は「叱る技術」をしっかり習得しなければいけない。それを知らないと叱ることもできなければ、できたとしても有効な結果につながらない。それどころか最悪の事態も招きかねないのである。そしてさらには、自発的行動を促すコミュニケーション技術である「コーチング」の習得が必須になっている。

一方で、管理されることで自律心をなくす、自律心が育まれないという問題がある。過保護・過干渉で育てられる子どもと同じケースである。仕事をするにあたり、その内容が高度になり、多岐にわたり複雑化すると、管理が強化されることはやむを得ないことである。自主的な管理であれば良いが、どうしても、「上」からの過剰な管理（マイクロマネジメント）になってしまう。厳しく管理され、目標が達成できれば、業務遂行上は合格点をもらえるであろうが、「やらされ感」が強く自律心は育たない。怖がらずに「下」へ権限を委譲して、個々の「勤め人」に仕事を任せる態勢をつくることである。今までやらされていないから、当初は困惑してスムーズにいかないかもしれないが、紆余《うよ》曲折、必ずやり遂げるようになっていくはずである。こうして、自律心が備わっていく。そうしなければ、いつまでたっても自律心は育たない。モチベーションを上げる方策は、あの手この手と駆使しても良いが、管理には、「任せる勇気」が必須である。「自分の心に恥じる恥」、自分で自分を律する強い精神性を取り戻さなければいけない。

4　日本の経営学は米国の「解釈学」

経営学者野中郁次郎氏が、日本経済新聞の「私の履歴書」（令和元年9月7日付）で次のことを訴えている。それは、

米国の経営学の概念を受け売りする日本という関係は、残念ながら今もあまり変わらない。……日本の経営学は一言でいえば「解釈学」に終始してきた。海外の学問を紹介し、解釈するのが学問とされてきた。できあがった理論や手法を「ハウツー」として吸収するばかりで、日本からはなかなか面白い概念が出てこない。……近年ではＲＯＥ（自己資本利益率）経営が典型的で、最近は内容をよく理解しないままにＳＤＧｓ（持続可能な開発目標）経営とみんなが口にする。もう海外の模倣はやめよう。

という内容である。日本の経営学の第一人者の一人からの発言だけに、実に重いものを感じる。

日本には日本独自の文化や価値観があり、それに基づく習俗や商習慣がある。そして、受け継いでいくべき日本独自の経営哲学がある。そのような中で、グローバル化が進展し、日本がイニシアチブを取れず、世界標準に合わせなければならないことも多い。しかし、そういったときに日本の歴史的背景・文化的背景を見失うことなく、対応していくことを忘れてはならない。自国のやり方を否定し、よそに100%迎合することは、絶対に避けなければならない。そういうときには、日本の経営を基盤とする指標と世界標準に合わせた指標を採用する、並立したやり方（ハイブリッド型）をすることが大事である。追随しなければならなくなったとしても、日本の経営哲学や理念を決して忘れてはいけない。世界標準である経営指標に合わせると、日本のパフォーマンス（結果の数値）が他の国々に見劣りするケースも出るが、一喜一憂しないことが不可欠である。日本独自の基準に自信を失わず、常に自己肯定感を持ち続けなくてはいけない。欧米コンプレックスを拭い去ることができない性癖の国であり国民であるから、なおさらである。

特に戦後、敗戦国日本は米国流の文化・習俗に憧れ、こぞってそれらを取り入れてきた。物質的に豊かな生活を目標にしてきたのである。「鬼畜米英」をスローガンにあれだけ「排米」思想であった日本が、変わり身早く「拝米」に転向したのである。そして、日本の伝統的な文化や思想、それに関わる精神性を否定し、米国型の考え方や生き方を理想にして行動するようになってしまったのである。そもそも歴史的に「雑種文化」の国として発展してきたので、多様な文化を取り入れることは良いとしても、精神性まで洗脳されてしまった感が強く、まことに残念である。強者や多勢に対して弱腰になり、流れに取り残されることを恐れ、自分というものを見失ってはいけない。

話を経営学に戻せば、「戦略」や「戦術」という言葉が常套句となり、「経営戦略」はもちろん、「成長戦略」や「生存戦略」など「○○戦略」と名前を付けた戦略論のオンパレードである。ビジネス書では、タイトルに「○○戦略」と付けば、内容を格調高いと思わせるから魔訶《まか》不思議である。しかし、なぜ軍事用語や戦闘用語になるのだろうか。ターゲット（標的の意）やキャンペーン（軍事行動の意）やロジスティックス（兵站《へいたん》の意）などである。その中で、筆者は「人事戦略」という言い方には、特に不快感を覚える。それを含めて、「人材活用」とか「人的資源」とかも、米国経営学の翻訳語であろう。感情を持つ「人間」をどのように扱おうというのか。英知を出して、広く成果を上げるのは「人間」である。その「人間」を効率よく活用するとはどういう魂胆だろうか。「人間」は主体であって客体ではなく、駒のように使われる存在ではないのである。

経営学では、企業における経営資源を「ヒト・モノ・カネ・情報」などとしている。「ヒト」を経営資源として捉えることは、企業がいかにして勝ち残るか、成長するかを主眼に置く考え方である。あくまで企業が主体であり、「ヒト」が客体である。そして、それをいかに効率よく戦略的に活用するかを経営学の「基本の基」としている。「ヒト」までもが部材か部品のように扱われ、取り換え可能なものであるという考え方である。「人間」の幸福を最優先に考える日本の経営哲学とは真逆の発想である。日本は今、日本本来の経営哲学を復権させないとますます弱体化していくのでは、と危機感を覚える。「人間」が主役であって、部材や部品なんかでは絶対にないのである。

にわか仕込みの戦略的思考とやらを駆使して、企業はシェア争いに奔走する。決められたパイの奪い合いで、精神的にも体力的にも消耗戦が続く。価格競争や機能競争に腐心し、既存の商品やサービスを競合相手に負けずに売り込む競争である。全体のパイの拡大に、お互いがしのぎを削る競争こそすべきである。そうでなければ、経済成長は期待できない。パイの奪い合いは、競合相手のいずれかが割を食うか、下請け企業にしわ寄せが及ぶか、はたまた「勤め人《つとびと》」たちが犠牲者になるか、である。全くの内向き思考である。企業主体で考える「戦略的経営」とは、結局はいわゆる「自社ファースト」であって、幸福が上から下へと及ばないのである。「トリクルダウン理論」で、広くあまねく末端まで恩恵が及び、経済全体が良くなることは、夢のまた夢である。よって、米国の経営学を解釈したに過ぎない今の日本の経営学は、低迷から脱却するための指針にならないように思えてしかたがない。

特に、日本経済の低迷が続くこの30年、時に自虐的にもなる日本人は、閉塞感も相まって日本的経営をさげすみ、米国的経営を一段と崇拝するようになっている。かつては「ジャパン・アズ・ナンバーワン」とおだてられ、その気になったと思いきや、今は自信喪失の状態である。修正が一部に必要であるかもしれないが、なぜ日本的経営に自信を持ち、誇りに思わないのだろう。歴史的背景・文化的背景に裏打ちされた、日本の経営理念・経営哲学の良さを今一度見直すべきである。米国的経営の一つ、例えば、「ジョブ型」雇用という雇用システムは、職務を「主」とし、「ヒト」を部材や部品としか扱わないような仕組みであるし、「勤め先」企業の都合でいつでも解雇が可能なシステムである。企業にとっては好都合な、「ヒト」をいつでも取り換え可能とする仕組みである。日本的経営と米国的経営は根本的に相違する。前者は「勤め人」である「人」を主体とするし、後者は「勤め人」である「ヒト」を客体としているのである。

日本でいわれる経営学とは、米国のビジネススクールのカリキュラムの戦略論や組織論など複数の学科目あるいは領域を束ねた学問分野である、とのことである。そして、今では日本でも分野ごとに学会があり、論文発表など研究活動も活発に行われている。ぜひとも、「米国の解釈学」ではない、歴史的背景・文化的背景を基盤にした日本独自の経営学を確立してほしいものである。日本史上の思想家や経営者などの経営理念や経営哲学を紐解き、今こそ「ザ・ジャパニーズ・マネジメント」を発信すべきである。米国の理論を盲目的に受け入れることは、危機になればなるほど、絶対に避けなければならない。体力が弱ったところに体質に合わない薬を大量に服用して、重い副作用に苦しんではいけない。

5　日本文化と日本人の精神性を無視した「ＭＢＡ」による改革

前節で記述したとおり、経営学は米国からの輸入学問である。中でもＭＢＡ（経営学修士）という学位はその色合いが強い。経営資源の一つである「ヒト」というものを主体として捉えるか、単なる客体としてみるかという点が大きな相違点である。「人間」である「勤《つと》め人《びと》」が企業という組織を動かすのであるが、ＭＢＡの考え方は、企業のパフォーマンスを最大化するために「ヒト」をどう効率的に活用するか、上手に利用するかが課題なのである。そのために「ヒト」のモチベーションを最大化し、企業にいかに貢献させるかがポイントとなる。それはそれで論理的な考え方である。企業を経営する立場の知識であり、経営者をアドバイスするコンサルタントに必要な経営指南の知識である。しかしその中では、「ヒト」にさまざまな感情というものがあってはいけないのである。

極めて合理的な知識ではあるが、日本人の思考にはしっくり来ないものがあり、それで良いはずはないと考える。

よく言われるように、日本人は人間関係で相手に対する呼び方が変わる。米国などのように、「I（アイ）」に対しては「YOU（ユー）」だけではない。日本では、「YOU」は「あなた」、「おまえ」、「君《きみ》」、「きさま」、「貴殿」など、相手により、関わり方により、さらに場面や状況により呼び方が変わる。「YOU」は決して一つではないのである。もちろん、「I」も同様で、すべての人称代名詞についていえる。このように日本では、経営学で経営資源として捉えられる「ヒト」は、場面に応じて複数存在することとなり、決して一つではないのである。よって、このことを一つ例にしても、米国流経営学、もちろん米国などのビジネススクールで学ぶ戦略論や組織論などは、日本での実際の経営に、そっくりそのままは適用できないし、してはいけないと考えられるのである。

MBAでベースとなる論理的思考法は、もれがなくダブりもなく、あいまいさを認めない課題解決のスキルである。「雪が解けると水になる」が唯一の正解であって、例えば「雪が解けると春になる」は不正解になってしまうのである。暖かい春を待ちわびる寒い地方の人たちにとっては、後者の方が本当の正解かもしれない。論理的思考法に感情は入ってはいけないのである。ある特定の一時点での唯一の正解を導く手法である。一時点での経営の成績は、過去からの頑張りの積み重ねの結果であるが、そこまでに至った経緯はあまり問題にしない。その時点での決算書の財務内容を見て優劣を判断し、企業の強み・弱みから取るべき戦略・戦術を導き出す手法である。企業の成果は、そこで活動する「人間」の営みの集積であるから、数字に表れないあいまいな部分があっても不思議ではない。しかし、MBAのコンサルは、「もれなく、ダブリなく」をベースとする論理的思考法を取るから、あいまいさが入る余地はない。昔のデジタル時計のように、例えば、10時10分の次は10時11分の分刻みであって、秒針があるアナログ時計のように、どちらの時分に近い時間であるかは見て分からない。それと同様に、データに表れないもの、あいまいなものは評価されにくいから、日本人の思考にしっくり来ないものがあるような気がする。しかし、米国式の経営手法を標榜《ひょうぼう》し、手本にするクールな経営者にとっては、間違いなく理想の思考方法であるのだろう。

ＭＢＡを取得した経営者やコンサルタントなどは、さすがに優秀である。論理的思考法で導く経営判断やアドバイスには、つけ入る隙を与えない。関係者やクライアント（依頼人）は、その内容に「うーむ、なるほど」とうなずくのである。多額の費用をかけて依頼しただけあって、膨大な分析資料にクライアントは「よくここまで調べ上げたものだ」と感心するばかりである。ところが、そこに示された結論としての戦略とか戦術は、とどのつまり、どこの企業にも当てはまりそうな内容が多いと聞く。心理学でいう「バーナム効果」というものが働くようである。自社だけに当てはまる的確な指摘だと思ってしまう。「バーナム効果」とは、どの企業にも当てはまる一般的な特徴を表す内容を、自社だけに該当するものだと認識してしまうことである。この効果が働けば、クライアントからそれなりの信用が得られてしまう。

弱みを最小限に抑え、強みを最大限に生かすことは理想の形であり、合理的に考えれば、誰もがそのとおりだと納得する。しかし、何事にも裏表はあり、弱みが強みであるケースも多い。企業には長い年月の間に培われた風土や文化がある。揺るがしがたい独自の経営理念がある。一般には弱みとしか考えられないものが、実はその企業の強みであったりする。例えば、「堅実経営」を社風とする企業に、ある時点では、「慎重すぎて、せっかくのチャンスを逃した」と、その消極姿勢がこの企業の弱みだと酷評され、またある時点では、「バブル経済に翻弄《ほんろう》されることなく痛手が小さくて良かった」と、それを強みだと賞賛して総括する。結局のところ、その時々の外部からの評価に惑わされることなく、自社の経営理念や長期ビジョンを堅持することが大事であると言える。私たちの日ごろの生活でも、他人は自分に対し、それぞれに評価し勝手なことを言ってくる。決して、それに惑わされてはいけないのである。それに振り回されぬよう、心して行動しなければいけない。

野球解説者なども選手のバッティングなどに関して、よく次のようにコメントする。例えば、選手が快心のホームランを打ったときに、「今のバッティングフォームが理想だ。打者はいつもあの形を忘れないでほしい」などと言う。なるほど、ホームランを打ったときは、いつも誰もがためをつくり、バットの芯でボールを捉える理想の形なっている。その理想の形は、選手はいやというほど教え込まれて知っている。しかし実戦では、相手もあり、状況はその時々で全く違う。ホームランのときは、結果として理想のフォームになるのであり、簡単にはいつもそのとおりにできるものではない。結果だけを見て、分かったように「あと出し」で解説するのは極めて簡単である。解説者の分かり切った理想論など聞きたくない。それよりも例えば、バランスを崩されてもヒットが打てたときなどの、打った選手の打撃技術こそ解説してほしい。経営コンサルタントもスポーツ解説者と同じで、理想の形を語る。企業経営者は、すでに承知していても、なかなかそのとおりにはできない。常に状況は変わり、条件も違うからである。企業経営者がすでに承知していることを提案しても、コンサルの意義は小さいだろう。企業経営者が全く気づいていない根源的なことこそ提案すべきである。それはバッティングなどと同じで、監督やコーチの一言で選手に気づきが生じ、見違える結果を出すケースである。

そして、この節の終わりに、経営者であり経営学者の遠藤功氏が著書『結論を言おう、日本人にMBAはいらない』から、共感を覚える箇所を引用したい。

経営コンサルタント気取りの「フレームワーク」（経営分析ツール）を使いまくり、表面的なデータ分析だけですべてがわかったように勘違いし、本当の意味も理解せずに「横文字」の経営コンセプトを連発するような、実に底の浅いMBAが間違いなく増えている。こんな「質」の低いMBAを大量生産しても、日本にいいことなど何もない。

と断じている。名監督や名コーチ、そして名医といわれる人はごく一握りである。有能な経営コンサルタントもそれと同じであるに違いない。いわゆる「やぶ医者」に誤診を受け、重症になってしまっては大変である。

6　日本的経営を否定し忌避する今の風潮に物申す

その国の社会の仕組みは、歴史的背景・文化的背景で他国と違いがあって当然である。長所や短所があるが、それらは見方を変えれば、短所が長所になる場合もあるから、短所と思われるものに失望感を抱く必要は決してない。表面的な解釈での軽々な判断は禁物である。他国の仕組みと比較して自国が見劣りすると感じると、自虐感の強い日本人は、すぐに他国の仕組みに切り替えようとする。自分だけは乗り遅れてはいけないと、強迫観念にも襲われ、一斉に転向に動きだす。まして、長所と思われるものまで排斥してはいけない。分かり急ぐことなく、慎重に思慮深く対処しなければならない。体質や体形が違うにもかかわらず、他国で良いといわれるものを取り入れても、効果がなかったり、かえって副作用があったり、支障を来したりと、ダメージを受けることも多い。日常の生活の中でも、私たちはよく経験することである。

ところで、戦後来日した米国の経営学者ジェームズ・C・アベグレンは、全国の大小多くの工場を訪れ、日本企業の経営手法を調査分析した。そして、「終身雇用」、「年功序列」、「企業別組合」の3点に特長があるとし、この特長こそが日本的経営であり、戦後日本企業の成長・発展に多大に貢献したと評価した。日本的経営の「三種の神器」と呼ばれる特長である。ここで、「終身雇用」と「年功序列」の2点について、字面とはその内容が違うので、今さらではあるが改めて確認をしたい。

「終身雇用」については、「終身」と言っても契約が交わされて生涯その企業に勤められるということではなく、あくまで雇用慣行のことである。よって、「長期雇用」と言い換えた方が良いとされる。ちなみに、平均勤続年数は、米国の4・1年に比べ日本は12・5年（2020時点）であり、同じ企業に10年以上勤続している人の割合は46％である。そして日本では、「勤め人《つとびと》」は弱い立場であるとされ、簡単には解雇されない。企業側に対しては、解雇権を濫用《らんよう》できない法規制もある。この「解雇権濫用の法理」があることが、「長期雇用」を可能にしているともいわれる。いずれにせよ、同じ「勤め先」企業に安心して長く勤められることは、間違いなく良いことである。もう要らないからと一方的に、ある日突然に解雇宣告を受けるようでは、腰を据えて一生懸命に働くことなどできない。もちろん、自分の「勤め先」企業への情や愛着、すなわち「愛社精神」は湧いてこない。そうなれば、自分の能力を最大限に発揮し、「勤め先」企業の成長・発展に貢献しようとする熱意も生まれるはずはない。その企業でしか役に立たない特殊能力といわれるものも、短い雇用期間では、その能力形成は難しくなる。経営学者の三戸公氏によると、企業とは「一生過ごす『家』」だともいわれ、私的な部分を含め生涯にわたり関与してくれる存在である。数字には表れない、手厚い福利厚生というものも存在する。ここにも、日本の歴史的背景・文化的背景に基づく仕組みがうかがえるのである。日本的経営を軽々に否定し、忌避してはいけない。

「年功序列」については、新卒者を一括で採用して競い合わせる形をとるのであるが、管理職になるのが入社して10年ほどを要するなど、概して遅い昇進の仕組みである。実力さえあれば若くして抜擢されるケースも増えつつあるが、有能者は選抜され、ゆっくり階級の階段を登っていくのである。しかし、入社して30年も経てば、同期にも社内での階級に大きな差がついている。長期間かけてお互いに競わせ、「勤め先」企業に貢献させる巧妙なシステムであるといわれる。よって、後輩が上司で、先輩がそれに仕えることはいくらでも生じ、実際に「年功序列」という表現は正確ではない。報酬面でも、ベースアップがなければ給料が増えないケースもあり、年齢が上がるだけではダメで、あくまで「功」がなければ増えない仕組みである。評価の仕方に時として問題があるものの、長い年月をかけた真の実力主義である。よって、決して甘いものではなく、「気楽な稼業」などでは全くない。

いずれにせよ、真面目にコツコツと一生懸命に頑張れば、相応の処遇が与えられ、必ず報われるはずである。一方で、不祥事など法的に抵触し多大な損失を与えない限り、大失敗しても、降格などの厳しい処分を受けても解雇だけは免れ、その後挽回ができるシステムである。しかし、いわゆる「出世レース」を外れた「勤め人」などは、モチベーションが下がり、労働意欲が薄れる傾向は否めない。それは、「2・6・2の法則」がいう労働生産性が低い2割の層である。組織には、よく働く人が2割で、あまり働かない人が同じく2割いる（残り6割は普通に働く人)。この法則はどういう組織にも同じように生じるというから、日本的経営だけに起因する問題ではない。

労働生産性の低迷が続くと、今はその原因を労働慣行に求め、日本的経営に問題があるからだとする主張が多い。そのシステムの時代錯誤を指摘し、その枠組みの中で働く「勤め人」たちの精神性の劣化や弱体化については全く言及しない。そして、「メンバーシップ型」から「ジョブ型」雇用へ変換すべきであるという声があちらこちらに上がり、かまびすしい。日本的経営の雇用システムを否定し、欧米型雇用へ切り替えよ、との主張である。ジョブ、つまり「職務」を主体にその「職務」ができる人を社内外から募集する雇用システムである。差別なく選考し、一番ふさわしい人をそこへ就けるのである。当該の「職務」ができるか、適任であるかのドライな雇用契約である。「勤め人」が自分の職務能力を売り込み、企業もすでに顕在している職務能力を評価して雇用する。「勤め人」の人間性や将来性などの潜在能力は眼中にない。「一生過ごす『家』」としての企業にまっさらの状態で入り、ジョブローテーションなどを通じて幅広く能力を習得していく仕組みとは大違いである。欧米型の雇用システムに労働生産性改善の活路を期待し、日本的経営、特にその雇用システムを否定する風潮である。

なぜ、日本人は低迷が続くと今のやり方を全面的に否定し、欧米崇拝で軽々に切り替えようとするのだろうか。それぞれの国や地域のシステムというものは、揺るがすことができない歴史的背景・文化的背景があってでき上がったものである。日本経済の低迷が続き、企業業績の改善が見られない原因を労働生産性の低さにあるとして、今、日本的経営を否定し忌避し、変革しようとしている。驚異的な戦後復興やその後の高度成長など、日本的経営はその真髄を、例えば『ジャパン・アズ・ナンバーワン』や『ジャパニーズ・マネジメント』など数々の海外の書籍やメディアで、手本として賞賛されたにもかかわらず、今は自虐的な風潮が覆うのである。形さえ、仕組みさえ変えれば、すべてが改善できると考える日本人、なんと浅はかな対症療法なのだろう。今ここにも、「和魂洋才」の大事な「和魂」の部分を忘れてしまっているような気がする。その前に、「勤め人」一人ひとりの強くたくましい本来の精神性を取り戻すことこそが、低迷からの脱却の優先課題ではないだろうか。

経済には、複合的な要因が常に影響し、好不況の「波」は付きものである。長期にわたり低迷が続くと、弥縫《びほう》策であるにもかかわらず、今度こそ「決定打」と信じ、あの手この手と策を講じる。挙句の果て、どうしても改善できない場合、いわゆる「移植手術」をして不全な箇所を取り換えようとする。しかし、その処置がその体に合わないと、拒絶反応を起こし取り返しのつかない事態を招いてしまう。根源的な原因が何であるかを見極めることなく行う「窮余の策」は、本当に正しい見立てかどうか慎重でなければいけない。中でも雇用システムについて、不全と思われる箇所の「移植手術」を急ごうとしている。これらを含めて、日本的経営を否定し忌避する風潮（ムード）だけはご勘弁願いたい。

第4章
「勤め人」それぞれのぶつかり合いが企業を発展させる

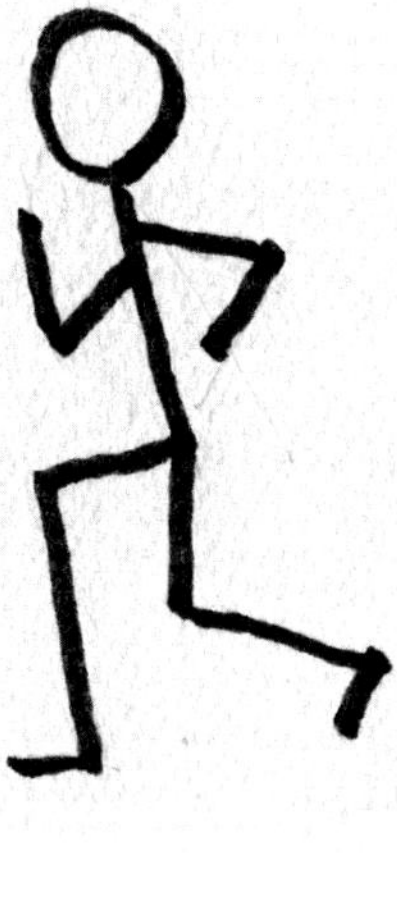

1 「見せかけの協調性」を重んじる企業はもはや成長しない

組織において構成員が諍《いさか》いを起こし、お互いがそれを腹に持ち、その後も口論が絶えないケースがある。そういう場合、組織のリーダーは見て見ぬふりをすることなく、早期解決に全力を投入しなければならない。未解決のままで放置すると、諍い事は不思議に他へも連鎖し拡散してしまう。それらはどれも、個々のつまらぬこだわりから生じる感情的なぶつかり合いが大半である。一生懸命に取り組む「勤《つと》め人《びと》」には、それぞれに担当する業務へのこだわりがあり、他から関与されたくない仕事の流儀のようなものがある。思い入れが強いと、ぶつかり合いが多くなるのである。些細で低次元な場合は、双方の言い分を聞いて話し合いでルールを決め、以降はそれに従うよう約束させることが肝要である。

しかし、些細な諍いにしか見えないものも、すでに組織を根深く「蝕《むしば》んでいる」ものが原因の場合があるので、決して侮れない。簡単に見過ごすわけにはいかない。一方で、人と人のぶつかり合いは、組織を強く新しくしていくものを含んでいる。組織において、言い争いや口論が絶えないことは、実は組織を強くし、活性化する必要条件であることも多い。

「和を以て貴しとなす」とは厩戸皇子《うまやどのおうじ》（聖徳太子）が制定した「十七条憲法」の第一条に出てくる条文である。当時は諍いを治め、「和」の成就が目的であった。今は「和」の精神が手段になり、何事も争わず、すべてを平和裏に処理し片づける意味に解釈している。すなわち、「和」が前提にあり、「和」を乱すことは許さないとして諸事を解決していく。しかし、本来の趣旨・狙いは、意見のぶつかり合いが前提にあり、討論して合意を導き出すことが大事で、それに至ることが貴かったのである。

私たち日本人は、初等教育、いや幼児教育時から集団の和を乱さないように教え込まれる。そして、協調性を重要な性格スキルとし、学業の成績表や内申書の評価項目とされる。教師の指示に従順であること、クラスでは級友と仲良く過ごすこと、皆のまとめ役になって頑張ることなどが大事になる。とがってはいけないし、はみ出してはいけない。「見せかけの協調」を強いられ、タテマエを上手に生きていく処世術を体得していく。「個人主義」を教え込む欧米とは違う教育方針である。

就職採用時、応募してくる学生を見て、まず最優先で判断する基準は、「一緒に働きたい雰囲気、性格の学生だろうか」ということのようである。同じ価値観や考え方を持っていそうな仲間を探すのである。第1章の3節で記述したとおり、「空気を読む人材」であるかどうかを判断基準にしている。もちろん応募する学生も心得たもので、部活や学校行事での活動など、集団での協調性を重視した行動歴をアピールする。そして、リーダー的な立場で皆をまとめ、困難を乗り越えて目標達成した体験を自慢する。それに対して大勢を敵に回して口論したエピソードや、流れに抗い最後まで自分の意見を曲げない性格である、などとは言えない。

日本人は「かくれ個人主義」である。タテマエは全面的に協調するポーズを取る。すなわち、「集団主義」で個人より集団を優先する態度を示すが、ホンネは自己の利益を考えて行動する。よって、いわゆる「社会的手抜き」が、欧米人より日本人の方が多いのでは、と筆者は思っている。集団で作業をするときに、人数が増えるほど一人当たりの努力量が減るのである。協調姿勢を上手《うま》く見せるだけで、集団、すなわち組織には全力を出し切らず、それほど貢献していないのである。集団に紛れて、個人の貢献度が測定できない場合に見られる現象である。

よって、最優先の性格スキルの一つである協調性は、実際には見せかけだけで、「勤め先」企業の業績にあまり貢献していないと言えそうである。自己主張が強く、とがった「勤め人」の集まりの方が、意見のぶつかり合いがあり、いわゆる「化学反応」で新しいものが生まれ、高パフォーマンスにつながる。皆が同じ考えを持ち、同じ方向に向かって進むことを理想としてきた日本、そろそろ国民一人ひとりがホンネで向かい合う時が来たのである。言いたいこと、思ったことを遠慮せずに言った方が良い。「勤め人」たちは「勤め先」企業の成長・発展のために、「見せかけの協調」をやめて、積極的に自己主張すべきである。

社会心理学の研究で、「社会的ジレンマ」という現象についての検証がある。

それは、一人ひとりが自分の利益だけを考え、それを最大にしようと行動すれば、組織全体の利益が損なわれ、全員で協力した場合よりもかえって個人が得る利益が減ってしまうという内容である。つまり、「勤め先」企業の利益を最大にするよう「勤め人」が全員で協力することが、結果として自分の利益を最大にするということである。自分の利益は追わないで、全体のために協力し合う。「勤め先」企業の利益になるような「他利」の行動こそが、自分のため、「自利」になるのである。しかし日本の場合のように、「見せかけの協調」での協力体制では、「勤め先」企業の利益最大化には貢献しない。最初から自分の利益を念頭に置いているからである。協調性を重要な性格スキルとして重んじても、見せかけに終始し、かえって「社会的手抜き」を増加させてしまう。

「勤め先」企業への愛着や一体感が強く仕事への満足度が高い「勤め人」は、仕事に熱意を持って取り組むのである。そのためには、「勤め先」企業への「愛社精神」を醸成し、一生懸命に協力しあう企業風土をつくることである。生産性を上げるためには、上辺《うわべ》の協調性はいらない。「社会的手抜き」のない、自己の利益を優先しない協力体制が求められている。「勤め人」一人ひとりにとり、

「本当の協調性とは何か」を真剣に考える時が来ているのである。

2　上司と部下は対等の立場、部下は上司の私有物ではない

上司と部下の関係は、組織の役割上、そして命令系統上の上下関係に過ぎない。「メンバーシップ型」雇用の場合、「勤め先」企業との雇用契約では、原則格差はなく同じ立場である。にもかかわらず、なぜか部下の人格を無視し隷属的に扱う上司が発生する。最悪の上司である。指示・命令どおりに成果を上げない、頑張らない態度が気に入らないなどの理由で部下を厳しく叱責する。教育的指導であるとか、人材育成の一貫であるとして叱責するが、時としてパワーハラスメントとなり、部下に精神的ダメージを与える。こういう上司の下では、チーム全体に活気がなくなり、雰囲気は暗く悪化していく。任されたチームの業績を向上させなければと上司の強権発動が続く。そして、部下に精神的ダメージを受ける者が増えていく。部下を動機付けし、やる気を起こさせて業績につ

なげることが上司の役割であるが、成果一辺倒で自分の評価を最優先すると、こういう理不尽な事態が起きやすい。このタイプの上司である「勤め人《つとびと》」は困ったもので、一方では自分の上司にはひれ伏し、媚《こ》びへつらう「イエスマン」なのである。部下を踏み台にして、昇進しようとする我欲の権化《ごんげ》である。組織にいてはならない、犠牲者を増やすだけの問題児ならぬ、問題「勤め人」である。早期に実態を暴き、しかるべき対応をしなければいけない。この問題「勤め人」の上司は、上手に言い寄られてだまされ続けるので、余程でない限りその本性を知らない。この実態の究明策は360度評価なのか、内部通報制度なのか、見間違うことなくしっかりと見極める仕組みも必要になる。

部下を私有物のように扱う上司がなぜ生まれるのだろうか。この問題「勤め人」のさらに上の上司たちが、精度の高いシビアな人事評価をすれば問題は生じない。評価は、2次・3次と重層的に精査されるから、十分なチェックができるはずである。しかし、なぜかそのチェックを巧妙にすり抜けてしまうケースがある。目立つ特徴に惑わされ、それが先入観になる「ハロー効果」が働くからだろうか。あるいは、自分の態度を変幻自在に変えられる術に長け、上手に上司に取り入る才能があるからだろうか。はたまた類は友を呼び、同じタイプの「勤め人」が集まり、増殖するからだろうか。どの組織にも発生する危険性がある、ゆゆしき問題である。いずれにしても、「良い上司」は「下」も見て仕事をし、「悪い上司」は「上《うえ》」だけを見て仕事をする。そして、「上」だけを見て仕事をする「勤め人」が出世していくような組織は、衰退していく結末になってもおかしくないのである。

さて、もう一人のダメな上司は、状況に無頓着で思いつきでものを言ってしまうタイプである。それを聞いた部下は、指示・命令だと思い込み、慌てて作業に取り掛かる。よって、上司には緊張感を持って、慎重かつ責任ある言動が必要になる。そして、部下も臆せずに問い直して確認することが必要である。腹が据わっていない、自信がない上司は、思いついたことを十分に吟味せず、放言してしまう恐れがある。本当に必要不可欠な業務なのか、取りあえずやっておいた方が良い程度の業務なのか、実際に作業するのは部下の「勤め人」たちである。思いつきの軽率な発言による、不要な業務は皆無にしなければならない。これもまた部下を、自分のことを何でも従順に聞く私有物だと勘違いしている節《ふし》があるからである。一方で、部下も自律性に欠けると、自分の考えを言えず「イエスマン」ぶりを示すしかない。

また、心配性の上司は、過剰管理をしてしまう性癖がある。あながち情報収集力があると、あれもこれもと思索をめぐらせてしまう。もちろん有能な上司であれば、部下の進言を十分聞き分ける、いわゆる「聞く力」を持っているはずである。そういう上司であれば、部下が良き補佐役になって意見の擦り合わせをし、仕事の優先順位も付けられる。不要な仕事も話し合いで排除し、重要な仕事だけに絞り込めるのである。

有能でない心配性の「勤め人」を上司に持つと不幸である。的確な判断ができないから、やたらムダな仕事が増えて混乱する。いわゆる「屋上屋を架す」仕事が増え、弥縫策《びほうさく》で仕事が集中する。誰もが全能でないから、適宜、適時に部下を頼れば良いのに、低く見られてはいけないと虚勢を張るから、余計に複雑になる。部下である「勤め人」たちは、予定が立たない仕事が増え、突発的なオーダーに残業体制で対応することとなる。労働生産性が極めて低い日本、こういうムダな仕事を皆で協力し排除しなければいけない。部下を私有物と見なすダメな上司の下で働く「勤め人」は、本当に不幸である。部下も上司に遠慮することはない。「勤め先」企業の成長・発展を思えば、心証を悪くしても恐れることはない。上司と部下は対等な立場であるから、今やろうとする仕事の意義（なぜ必要なのか）を問答し合えば良い。その時に部下である「勤め人」は、サボりたくて言うのではないから、常に対案を持っていなければいけない。つまり、日ごろから常に問題意識をもって仕事をしていれば、上司の指示・命令に対し、異議を申し立てることができるはずである。これにより、組織に「心地が良い」緊張感が生まれるのである。

しかし、そういうとき、上手に意見を言い、相手に納得してもらう技術である「アサーションスキル」も必要になる。「アサーション」とは、自分も相手も大切にする、自他尊重の自己表現という意味である。部下から上司だけでなく、上司から部下への双方向の表現スキルである。筆者自身は「勤め人」時代に、そういうスキル習得の訓練を改めて受けたことがなかった。日ごろのコミュニケーションを通じて良好な人間関係さえできていれば、いつでも意見は言えると信じていた。しかし、これからは、上司と部下はもちろん、同僚の間でも、より円滑なやりとりをしていくために、この技術は必須のスキルになってくるのである。「勤め人」誰もが習得すべきスキルである。

昔の軍隊や、今も一部の体育会系の部活のように、上官や先輩には絶対服従しなければいけない組織は、統制面で優れた面があるかもしれないが、それではこれからの成長・発展は期待できない。上司と部下は対等の立場であることを前提にして、思いっきり意見をぶつけ合うこと。そして上司は、「部下が自分の私有物ではない」ことをしっかりと認識し、自覚することが大事である。

3 「愛社精神」があれば必ず意見のぶつかり合いがある

「愛国心」という言葉に嫌悪感を抱く日本人は少なくない。それは「愛国心」のスローガンの下に、たくさんの大切な命を国のために捧げたという、悲惨な戦争の記憶がよみがえるからであろう。同じく「愛社精神」という言葉も、なぜか忌避される感が強い。それは、「勤め先」企業のために自分の生活を犠牲にひたすら「滅私奉公」し、結果として、むなしく惨めな思いしか残らない記憶があるからであろう。それが高じて「会社人間」、「企業戦士」、そして「社畜」という、それを揶揄する言葉もあるくらいである。35年ほど前のバブル経済の時代には、滋養ドリンクのキャッチ・コピー「24時間戦えますか」が、当時のはやり言葉になっていた。しかし一方で、その時なぜか、そのフレーズにやる気を鼓舞する心地良い響きがあったことを筆者は今でも憶えている。日本全体に熱狂が沸き起こっていたからに違いない。そして今は、「会社に命を預けるな」

というようなフレーズもよく耳にする。「愛社精神」という素晴らしい、純粋で大切な精神が、なぜか誤解されて伝わっている。個人の生活を犠牲にすることと全く同義でないにもかかわらず、残念に思う。

日本人は、何か一つの目標が決まるとなりふり構わず盲目的に前進する悪癖がある。加えて、他人の目を気にして同調する日本人。批判的精神は抹殺され、皆が一斉に同じ方向を向いて突き進んでしまう。さらに悪いことに、その行為が失敗に終わると、手の裏を返すようにそれまでの行動を全面的に、自虐的に猛省し否定する。そういう点から、本来素晴らしい言葉であるはずの、あの時あれだけ鼓吹された「愛国心」も、そして「愛社精神」も、今は前面に出すことがなぜか憚《はばか》れるのである。しかし、二つの言葉は国民にとり、また「勤《つと》め人《びと》」にとり、絶対に忘れてはならない大切な意味を持つ言葉である。そのことを今、認識し直す時が来ていると思う次第であるが、いかがであろう。

さて「勤め人」にとり、「愛社精神」というものはいつ芽生えるのだろうか。新卒で入社しても、前述したとおり、早くから転職を考え離職していくようでは、芽生えるはずはない。「愛社精神」は、ここに「骨をうずめる」つもりで入社し、その「勤め先」企業に愛着を感じ、そこでの仕事を通じて「世のため人のため」にとことん貢献しようと思ったときに生じるのであろう。そして、その気持ちが仕事への熱意になり、働きがいになり、エンゲージメントの向上につながっていくのである。よって、低迷する労働生産性を改善するには、「勤め人」一人ひとりに「愛社精神」は不可欠だといえるのである。

「勤め人」一人ひとりが「愛社精神」を持てば、「勤め先」企業の成長・発展を通じ、「世のため人のため」に頑張る意欲は一段と増す。意欲が増せば、「勤め先」企業を成長・発展させようとする熱い思い、描く理想像が一人ひとり違ってくることも不思議ではない。また、それを成就させるためのやり方が違っていてもおかしくないのである。「勤め先」企業を成長・発展させようとする同じ「愛社精神」の下で、それぞれの熱い思いを理想の実現に向けて戦わせることこそが必要である。同質化しては、全体が小さくまとまるだけで、決して大きくはならないのである。

さらに「勤め人」一人ひとりが、将来自分がトップ（上層部）になったら、今の「勤め先」企業をこんな企業にしてみたい、という熱い思いを持ち続けることが大事である。もちろん、わが社のこの部門、この仕事では誰にも負けないエキスパート（専門家）になり、「勤め先」企業に貢献したいという思いも同じである。ゼネラリストかスペシャリストかは別として、強い「愛社精神」を「勤め人」一人ひとりが持ち続けることは、「勤め先」企業のためのみならず自分の成長のためでもある。ぜひ、「勤め先」企業の理想形の実現を目指し、上下の隔てなく、意見をぶつけ合おうではないか。

ところで残念なことに、今の日本の「勤め人」の出世観は次のとおりである。マンパワーグループが、20代〜50代正社員400人を対象にした調査（2020年）によれば、「今後管理職になりたいか」という問いに対して、なんと83％が「なりたくない」と答えているという。そして、その理由（複数回答）を尋ねれば、「責任の重い仕事をしたくない」が51・2％、「（残業や休日出勤の手当など）報酬面でメリットが少ない」と「業務負荷が高い」が40・4％だそうである。

また、日本生産性本部と日本経済青年協議会の新入社員対象での「働くことの意識」という調査があり、「あなたはどのポストまで昇進したいと思うか」

という質問に「社長」と回答した人は、1970年度には29％であったのが、2000年度に20％、2019年度に13％と減少してしまっているのである。

さらに、日本経済新聞（令和4年7月6日付）に、「出世願望の低さに若手の間では専門職志向も強まる」として、SMBCコンサルティングが2022年度の新入社員に今後目指すキャリアを聞いた調査で、「専門的知識・スキルを持つスペシャリスト」（34％）が最多で、「幅広い知識・スキルを持つゼネラリスト」（27％）などを上回った、という記事が掲載されている。そして、「企業には若手社員に管理職の魅力や重要性を啓発し、昇進の動機付けを強める努力も求められそうだ」と結んでいる。

残念ながら、各種調査結果を見る限りでは、ゼネラリストとして管理職、願うことなら社長になって、「勤め先」企業を自身が描く理想の形にしてやろうと、「青雲の志」を持つ若き「勤め人」は、いわゆる「絶滅危惧種」になる恐れが出てきているのである。ということは、一人ひとりの「愛社精神」からの、お互いを尊重した上での「口角泡を飛ばして」の意見のぶつかり合いなどは、もう見られないのかもしれない。これでは「勤め先」企業が強くなるわけがない。日本が強さを取り戻すはずがないのである。

強い「愛社精神」があれば覚悟を決めて、相手が上司であれば、そして、たとえ経営陣であったとしても、「それはおかしい、こうした方が良い」、「それだけは絶対にするべきだ、いややめるべきだ」などと言えるだろう。「愛社精神」があれば、誰とでも「勤め先」企業の成長・発展のために議論をぶつけられそうである。それは、わが国の成長・発展を願う「愛国心」と同じである。

4　違う価値観や考え方こそが真の「多様性」

「多様性」とは英語でダイバーシティーという。『超訳「カタカナ語」事典』（PHP文庫）によれば、ダイバーシティーマネジメントとは、「個々の社員がもつさまざまなちがい（性別・国籍・年齢・職歴など）を企業が受け入れ、むしろそれを競争力向上に生かしていこうとする考え方や取り組みのこと」（原文のまま）と記述してある。一人ひとりが違うということは、価値があり素晴らしいことなのである。そして、一人ひとりには個性があり、違いがあるのが当たり前で、「自分を殺して」まで皆に合わせる必要などない。成長・発展する組織は、お互いに傷つけまいとする「仲良しクラブ」とは違うのである。

「多様性」といえば、属性などの外面的な違いと捉えがちであるが、価値観や考え方などの内面的な違いこそを特に重視したい。そもそも同じ性別であっても、同じ国籍であっても、そして年齢が同じであっても、内面にある価値観や考え方は人それぞれに全く違うはずである。よって、個々の「勤め人《つとびと》」が持っている価値観や考え方などの内面的な違いを組織は受け入れ、それを競争力向上に生かしていくことがまずは重要になる。例えば、日本のある企業に勤める、同じ日本人で30歳男性営業職の2人の価値観や考え方は同じではない、ということである。私たちは普段、この2人の行動はきっと同じであろうと軽々に決めてしまいがちである。間違った判断結果を生む原因にもなる。属性は同じでも、内面は全く違うのである。

「ダイバーシティー経営」と大上段に構える前に、まずは「勤め人」一人ひとりが、自分の価値観や考え方に基づく意見を持ち、正直に発言することから始めようではないか。全く「右に同じ」などという意見は本来ないはずであり、例えば全員が同じ色を好きだということも絶対にありえないはずである。それさえできずして、「生産性や競争力向上に『多様性』こそ不可欠だ！云々」とは語れないのである。

夫婦はもちろん、親子・兄弟姉妹など同じ家族であっても、価値観や考え方が違うから、例えば旅行の行き先を決めるときなど、それぞれが譲れず言い争いになることも少なくない。何か些末なことを行うときでもそれぞれの感情が入る場面では、わがままに勝手なことを言い出すから、収拾がつかないケースも時として起きてしまう。お互いが、遠慮なく自己主張し、それが身内では日常的に平気でできるのである。広義ではあるが、これも「多様性」であると思う。

ところが、家族や身内という領域から一歩外に出ると急に大人しくなり、自己主張を控えてしまう。ホンネを表面に出さない。世間体を気にし、相手の顔色をうかがい、腹を探りあう。今は何も意見を言わない方が「自分にとっては得になる」と考えると、全く何も言わなくなる。空気を巧みに読んで、「長いものには巻かれろ」である。このような状況の変革なくして、「多様性」とはよく言えたものである。家族や身内のときのように、感情をあらわにしてはいけないが、自分を主張しなければ、意見のぶつかり合いは生じない。このような状況の連続では、そもそも「多様性」の土壌などできるはずがない。

日本の雇用システムは、依然として新卒一括採用が主体であるものの、転職市場が活発になり、今後は通年採用で中途採用者が少しずつ増加していく傾向である。「企業特殊能力」しか持たない「勤め人」が転職することで、他企業の「勤め人」と交流する。そして、同じ業界でも、業態はもちろん、「勤め先」が違うだけで価値観や考え方が違うことに気づくのである。また、副業ができるようになって、全く違う業種で勤務を経験することになる。今まで外から見ていたとは違う仕事の内容を知って、驚くケースも多い。このように異業種はもちろん、同業でも企業が違えば、価値観や考え方に顕著な相違があることを目の当たりにする。

転職や副業が活発になれば、価値観や考え方の違う「勤め人」が交流することになり、事実上の「ダイバーシティー経営」が少しずつ促進されることになる。違う価値観や考え方の「勤め人」が混じり合うことで、いわゆる「化学反応」を起こし新しいものが創造される。ところが、今の日本の「勤め人」の処世術から考えると、新しい「勤め先」企業に早くなじもうと、周囲の空気を巧みに読んで同化してしまうに違いない。早く解け込もうとするのである。残念ながら、転職者や副業従事者が、このような態度を取れば、行き先企業での変革者にはなれそうにないのである。つまり、まずは在籍している「勤め人」が、周囲の目を気にすることなく、評価を意識せず、自由闊達に自分の主義主張を発言する気風が生まれなければ始まらないのである。それが成就して初めて、「ダイバーシティー経営」の土壌ができたと考えたい。

またもや、気分転換に高校野球の例である。筆者の地元の話である。過去に全国大会での優勝経験もある強豪名門校が、県内では常に抜群の力を発揮し、他に競合校もなく甲子園への出場回数を重ねていた。そして、他の有力校にはほぼそこのOBが監督になり、野球理論をはじめ練習方法や戦法（試合運び）はほとんど同じになる。よって、伝統に憧れて優秀な選手が集まるその強豪名門校が、県内では常勝校となり続けていた。しかし長い間、全国レベルでは2回戦まで勝ち進むのが精一杯の状況であった。その理由は、県内全体が同質化してしまって、カラーが違う強豪校がしのぎを削る状態ではなかったからだと考えられる。そのような状況が続く中、今から18年ほど前に、他県で甲子園優勝経験の名監督が県内高校の監督に就任したのである。全く違う厳しい選手育成法で、先の強豪名門校をしのぐ力を発揮した。このことに刺激を受けて、県内の高校野球全体が覚醒し、各校が独自の練習を取り入れて多様化するようになったのである。この状況に、先の高校も全国的に活躍したOBを監督に招聘《しょうへい》し、名門復活とばかりにチームを強化している。それ以来、毎年県内予選ではどこが勝ち残るか分からない状況で、今では複数校が甲子園出場をかけて激戦を展開するようになっている。そして、県内全体が底上げし、常に全国上位が期待できるレベルになったのである。同質化による全体の低迷に対する、起爆剤といえる一つのかく乱する動きが、全体に緊張感を与えて変革する。これも広い意味での「多様性」の一例であると考える。

組織は同質化していくと、いずれは必ず停滞する。そこに異質なものが一つでも加わると、拒否反応を示しながら、いわゆる「化学反応」を起こし新しいものが生まれる。もちろん、悪い影響を及ぼすものは総力を挙げて排除しなければならないが、生じる摩擦を解消することで組織はますます強くなる。異質なものが多いほど高い統率力が求められ、管理者層も鍛えられる。組織全体が緊張感に包まれて、成長・発展する。組織の構成員の価値観や考え方が、一人ひとり違うことは、本当に素晴らしいことなのである。同質化は組織をダメにしてしまうのである。今の日本は、「多様性」を標榜《ひょうぼう》しながらも、いまだに同質化を求め続けているとしか思えない。

5　耳障りなことを聞く度量「心理的安全性」をなくした上司

「心理的安全性」とは、ハーバード大学のエイミー・C・エドモンドソン教授が提唱した概念である。それは、チームに気兼ねなく安心して発言ができる雰囲気があり、何を言っても受け入れてくれる状態のことである。そして、「心理的安全性」が高いことと生産性が高いことには正の相関関係があるとのことである。不安なときや自信がないときにチームのリーダーから、「恥ずかしがらずに何でも言ってこい。十分な回答ができないかもしれないが、一緒に考えよう」などと言ってもらえれば、個々のメンバーはどれほど勇気づけられ、ポジティブになることだろう。特に、失敗したときや困ったときに、ためらうことなく報告ができ相談できるのであるから、信頼関係は高まり、チームの結束力も増すのである。よって、メンバー一人ひとりの自己効力感が高まり、高い目標に果敢にチャレンジできるのである。

しかし今、「勤《つと》め人《びと》」は心に余裕をなくしている。ゆとり、いわゆる「遊び」がないのである。「余裕がある」と見られないようにしていなければならず、決して見せてはいけないのである。「貴職自ら働け」と「上《うえ》」から号令がかかり、特に管理者である上司は忙しく働いているふりをしなければならないのである。なぜ、忙しくしていなければならないのだろうか。なぜ、余裕があってはいけないのだろうか。

本来、チームのリーダーである上司には、部下の顔色や動態を「でん」と構えて観察していなければならないという、大切な役割がある。それは監視ではない。監視では部下はその目を気にして、こせこせと委縮してしまう。包容力豊かに、「困ったら何でも言ってこい」という姿勢、温かいまなざしである。そして、部下の不安げな態度を見て、すかさず「うまく行かず、悩んでいるようだな」と優しく声をかけることである。調子が良いときよりも不調なときにこそ、そういう態度が求められる。ところが、上司自らが忙しくしていては、その重要な役割が果たせない。それでは上司失格である。筆者も経験して言えることは、厳しさも忘れない、やさしく包容力がある上司の下に配属されると、思う存分、一生懸命働けたのであった。一方で反対に、サボらせまいと過剰管理に傾注する上司の下では、委縮するだけで、息も詰まり顔も合わせたくなくなる最悪の人間関係であった。チームの業績を手柄にしようと、メンバーを「こき使う」上司である。

組織運営上、リーダーたる上司は余裕を持ち、忙しくしていてはいけないのである。もちろんジッとしているだけではダメで、外見は動いていないようでいても、いわゆる「インナーマッスル（深層筋）」は活動し続けているというイメージである。本来上司の仕事は、部下が働きやすく、成果を上げられるようにすることであり、それこそが真のマネジメントである。一方で、業績が上がらないからといって、上司自らが率先してハードに働くことは、チームのパフォーマンスをかえって下げてしまう。どうか勇気を持って、一生懸命に働かない、堂々とした上司になろうではないか。部下が安心してのびのび働ける、そんな上司であり続けたいものである。

筆者の「勤め人」経験で、一番生き生き働けた時の話である。管理職になる前の30歳前後のことである。その時仕えた上司は、今思えば「心理的安全性」をまさに地で行ったような「勤め人」であった。「困ったこと、悩んでいることがあれば何でも言ってこい、気にせず私に話してくれ」というタイプ、多少いわゆる「親分肌」のところがある上司であった。そして、「こそこそと隠し事は絶対に許さない」といつも口癖のように言っていた上司であった。よって、私たち部下は安心して、一方で迷惑はかけられないという意識も働き、気持ち良い緊張感をいだきながら、思う存分に働くことができたのである。事実、その上司に、仕事で上手《うま》くいかないことや悩んでいることを打ち明けると、とことん相談に乗ってくれ、親身に対応してくれたのである。併せて信念が強く、筋を通す性格の持ち主であったので、部下の正当性や頑張りを認めたなら、社内での他の係との交渉などには巧みな政治力も発揮してくれた。こうして、部下たちがいきいき働ける状況をつくってくれたのである。会議やミーティングでは、皆が腹蔵ない意見が言え、何をするにも盛り上がりのある係であった。そして、今でいう上司と部下が行う一対一の面談である「1 on 1 ミーティング」も適宜、いや頻繁にやってもらっていた記憶がある。よって、業績は著しい伸展を見せ、皆のテンションはますます上がっていったのである。ただ残念なことに、その上司は、在任中42歳の若さで病魔に襲われ他界してしまった。余命を宣告された、少なくとも自分でそれを悟っただろう最後のころ、つらい体調を押して、筆者に同行して難しい案件の交渉に出かけてくれた記憶は、部下として今でも忘れるはずがない。「心理的安全性」を実地に体験でき、そして理想的な事例として教えていただいたという思いである。その教えを少しは引き継げたかどうか、十分に実践できなかったのではと自省している。

上司に包容力や度量の大きさが必要であると同時に、部下は羞恥心を捨てて、何でも言える勇気が必要である。チームの成果を上げるためという同じ願いであれば、些細な事や低レベルと思う事も発言してみる。当人がそう思うだけで、それによりチームに思いがけない気付きが発生することがある。改めて深掘りして考えるきっかけが生まれる。納得がいかない事を問いかけて、しっかりした回答に腹落ちする。ただ上意下達で部下は何も言えず、ただ黙ってもくもくと働かされるだけでは、チームは活性化しない。

筆者の「勤め人」経験から、「心理的安全性」づくりの要諦は、結局のところ上司の包容力と寛容さに尽きると思う。チームのリーダーである上司が忙しく働いていては、部下は声もかけにくいし、じっくり相談などできない。よって、上司は常に余裕をつくり、持ち続けなければいけない。結論はすぐに出なくとも、一生懸命に一緒になって考えてくれる態勢でなければいけない。そして、普段から、「何かあったら、遠慮なくためらうことなく、何でも言ってこい」と、言い続けることが必要となる。そして、部下の顔色を見て、「どうかしたのか、何かあったのか」と声をかける習慣をつくらなければいけない。そういうムードが醸成されれば、それこそチーム内に、「心理的安全性」ができるのではないだろうか。こうして、「何を言っても受け入れてくれる」という感覚をメンバー全員が共有できるようになるのである。そして、成果を上げる原動力はメンバー、まさに「勤め人」一人ひとりにある。その「勤め人」一人ひとりが、上下隔てなく何でも言える関係になれば、生産性は必ずや向上すると確信する。

6 「諫言《かんげん》する勇気」を持たなくなった幹部「勤め人」たち

幹部（部課長クラス）たちは、トップを始めとする経営陣から引き上げてもらった「勤め人《つとびと》」たちである。経験も豊富な実力者たちである。しかし、引き上げる側は、感情を持った「生身の人間」である。全知全能の人格者であっても、人間である以上、いわゆる「ハロー効果」といわれるものに惑わされたり、正直なところ、私情が入ることも場合により起こりうるのである。どちらにせよ、トップを始めとする経営陣から引き上げられたことに変わりはない。そもそも経営陣も、過去に引き上げてもらった「勤め人」たちである。有能と認められて引き上げてもらったのであるから、真の実力者・人格者であるはずである。

幹部など、経営陣に引き上げられる「勤め人」に共通するスキルがあるという。それは、「上《うえ》」に好まれる、気に入られる説明や返答が、スマートにできるということである。経験豊富な実力者であることに違いないから、機に臨んで手練手管に対応できるのである。ただし、ここで問題にすべきことは、「上」が好感触を得る説明や返答だけをしてしまうことである。それは忖度《そんたく》ともいえる、それに近いものである。「上」が好感することだけを話し、気に入らないことは敢えて話さないのである。うそを言うのではないから、問われれば詳しく話せば良い。もっとも、「上」が気に入らないことも話しておいた方が良いという察知能力を持ち合わせていないと、あとで「なぜ報告しなかったのか！」と叱責を受けるから、要注意である。一方で、その点の「危機管理能力」はしっかり備えているから、立派である。もちろん、経営に損害を与えかねない重要事項を報告しないことは背任にもなる。その点についても、有能な幹部「勤め人」たちは抜かりがない。いずれにせよ、「上」が好む、気に入る説明や返答しかしないスマートな能力は、幹部「勤め人」たちの必須スキルのようである。

その流れからして、経営陣、そして幹部「勤め人」たちは、「下」からの耳障りな報告は受けたくない。悪い報告も当然「上」に伝えなければならないが、伝えるとしても、上手にそしゃくして遠回しの言い方で報告しがちである。それに引き換え、良い内容は勇んで、手柄を立てたかのように報告する。このようにして、「上」には情報が正確に伝わらなくなってしまう危険性もはらんでいる。もちろん、こうしたことは、決してあってはいけないことである。組織が瓦解《がかい》するときに起きる事象（行動パターン）である。

先述したように、再度改めて、主君「押込め」の話である。近世、特に江戸時代、武士は藩に召し抱えられて生活の糧（「禄」）を得て、家族そして従者たちを養っていた。身分は封建制で固定されていたから、藩主に気に入られることよりも、当時は藩の盛衰・存亡こそが、藩士たちにとっては重要なことであった。そしてその時代は、藩主の法度《はっと》にふさわしくない振る舞いや乱行などがあれば、藩の取りつぶしや転封があり得たのである。よって、藩主に忠誠を尽くすのであるが、まずは藩の存続を優先しなければならない。そのために、藩主の行動に問題があれば、命を懸けて藩主に諫言するという行動に出たのである。近世の武家社会においては、この主君「押込め」という仕組みが正当な行為として、公然と認知されていたのである。すなわち、藩という領国は、大名家とその家臣団（家老、重臣ら）で数々の戦《いくさ》を経て勝ち取ったものであるから、家臣団にとっては、藩という領国を守ることが最優先であり、そのためには主君が悪主・暴君であれば、命がけで諫《いさ》め、それでも改心しなければ幽閉し、最悪の場合には、合議の上で主君を大名家の他の者に変えてしまったのである。よって、そのような最悪の事態にならないよう、まずは主君に諫言をしたのである。これは、「御家に対する忠義」というもので、それこそが藩主への真の忠誠であり、藩の重臣たちの大事な役目であったのである。トップの周りに、いわゆる「イエスマン」たちが「お側に侍《はべ》る」ようでは、絶対に不可能なことである。

封建制で身分が固定されていたころと違う現代では、今の身分がトップに引き上げてもらった恩義もあり、諫言するという行為は期待できそうにないかもしれない。余程のことがない限り、それを経営陣に期待する方が無理かもしれない。しかし、「愛社精神」を持つ「勤め人」が、「勤め先」企業の成長・発展を最優先に、覚悟を決め勇気をもって、藩主であるトップに異を唱える。そういう風土にしないと企業は強くなれない。「組織は頭から腐る」というフレーズもよく耳にする。「勤め人」誰もが、企業という組織のために、異を唱えられるようにならなければいけない。そして、トップ個人への忠誠か、「勤め先」

企業への忠誠かを真剣に考えなければ、「勤め先」企業の成長・発展は望めない。もちろん、「勤め先」企業への忠誠が優先することは、自明の理である。

取締役会における代表取締役の解職決議はまれにしかなく、それは最悪のケースであろう。長年君臨したトップが企業を私物化してきたことに対しての、見るに見かねての苦渋の対応である。誰でも長きにわたってトップの座に居続けると企業を「自分のもの」と勘違いしてしまうようである。同族で株を所有するとかであれば、オーナーとして君臨することはありえようが、そうでない場合は大いに問題をはらむ。筆者が就職先に考えた老舗大手百貨店の場合は、大株主でもない社長がトップの座に君臨して、完全に企業を私物化し、いわゆる「やりたい放題」の経営であった。社長の愛人が、その威を借りて、事業の一部を差配することもあるほどであった。従業員はもちろん、納入業者なども知るところの悪行であった。しかし残念なことに、誰もが御身大切で、何も言えない状況であった。最後は、見るに見かねた役員たちが、取締役会議で議案内容をすり替えて、突如解職を発議し、全員賛成で決議した。その席上で、解職された社長が驚愕《きょうがく》して発した「なぜだー！」という言葉は、当時の流行語にもなった記憶がある。トップが長き（10年余）にわたり君臨すれば、そうでなくても人事権をはじめ権力がトップに集中してしまう。権力が集中すれば、弱い者はそれに媚《こ》びて群がる。よって、ますます強権で頂点に居座ることとなり、麻痺して私欲を肥やすことが当たり前の行為になる。不幸中の幸いかな、自社の取締役会議で解職できたことは、自浄作用がギリギリのところで働いたから、何とか汚名を晴らすことができたと言えようか。一流企業における前代未聞の不祥事である。あらましは、このような内容であったと記憶する。

　特に幹部の立場にある「勤め人」は、日常の重要な決議事項に対して、「勤め先」企業に対する真の忠誠を考えれば、いわゆる「イエスマン」では許されない。真の忠誠とは、トップへの忠誠ではないのである。保身を優先して、人事という圧力に屈すると、トップの「ワンマン」を許すことになる。皆が同調して「イエスマン」になることが、「ワンマン」をつくり上げてしまう。そして、「勤め人」は誰もが昇進していく間に、つまり、引き上げてもらう間に、一番大事な「諫言する勇気」をもぎ取られてしまうのではないだろうか。ここで「会津武士道」

ではないが、「ならぬものはならぬものです」と、「勤め人」は「勤め先」企業のためを思い、常にお互いにけん制し合わなければならない。そういう行動がギスギスしたものにならないため、当たり前の行動にするためには、「ならぬものはならぬものです」という訓言を、ぜひとも企業風土まで昇華させなければならない。

第5章

「勤め人」たちの「独立自尊」の精神が日本企業を救う

1　そもそも「独立自尊」の精神とは

辞書によれば、「独立自尊」とは、「人に頼らずに自分の力だけで事を行い、自己の人格・尊厳を保つこと」という、生き方を示す言葉である。そして、福澤諭吉が提唱するこの「独立自尊」の精神とは、その内容が、『もういちど読む山川倫理』（山川出版社）に次のように記載されている。

独立の気力のない者は、国家を思うことも切実ではない。独立とは自分で自分の身を支配し、他人にたよる心がないことである。自分で物事のよしあしを判断して誤らずに行動する者は、他人の知恵にたよらずに独立している。自分で心身を働かせて個人の生計を立てる者は、他人の財産にたよらずに独立している……独立の気力のない者は、かならず人にたよる。人にたよる者はかならず人を恐れる。人を恐れる者はかならず人にへつらう。つねに人を恐れてへつらう者は、しだいに面《おもて》の皮が鉄のように厚くなり、恥ずべきことを恥じず、論ずべきことを論じず、人さえみればただ腰をかがめるばかりである……このような人間は立てといえば立ち、舞えといえば舞い、その従順なことは家で飼っている痩せ犬のようである。（『学問のすすめ』口語訳）

この「独立自尊」の精神は、福澤諭吉が明治の初めに出版した「学問のすすめ」の中で強調した、当時の国民を啓蒙する心構えである。しかしこれは、150年を経た今にこそ必要な精神であるかもしれない。いや日本人にとり、未来永劫《えいごう》にわたり求められる、決して忘れてはいけない精神性である。さらに、「独立の気力がない者は、かならず人にたよる。人にたよる者はかならず人を恐れる。人を恐れる者はかならず人にへつらう」のくだりは、まさに現代の「勤《つと》め人《びと》」を訓戒する内容といえる。自己が確立せず、自信がないと強い立場の人に媚《こ》びへつらう。「勤め先」企業でその強い人とは人事権を持つ人であり、自分を評価する人たちである。今までに何度も述べてきたとおり、人は誰もが少しでも良く見られたい、評価されたいという思いがあるから、弱い態度を表してしまう。人からどう見られようが、何を言われても、「自分は自分である。他の何者でもない」という強い信念で、自分の考えを貫き、安易に迎合しないことが必要である。そして、一人ひとりが切磋琢磨して自分を向上させ、お互いの共通目標である「理想の実現」に向けて意見を戦わせる。お互いの人格を尊重して競い合うことで相乗効果が働き、到達点は高くなり、至高のものになっていく。こうして、構成員である一人ひとりにしっかりと「独立自尊」の精神が醸成されれば、その組織は間違いなく大きく強いものになっていくのである。

かつて、NHKスペシャル『明治』という番組の中で、著名な評論家加藤周一氏は、「果たして日本は、もう一度変革を果たすことができるだろうか」との問いかけに、答えのヒントは明治にあるとし、その返答は次のようなものであった。

明治の日本には独立の精神があり、福沢諭吉の「独立自尊」の精神、「一身独立して一国独立す」を引き合いに、「そのためには日本国民のひとりひとりが右左を見て、あたりのようすをうかがってから発言するのではなくて、自ら信じるところをしゃべって、そしてその責任を取れるというだけの能力と覚悟がなければならない」と答えている。まさにこれは、一国を「勤め先」企業に、そして国民を「勤め人《つとびと》」に置き換えて考えることができる。そう考えると、「勤め人」の行動や精神性のあり方も見えてくるのである。それは、「勤め人」一人ひとりが「独立自尊」の精神をもって行動すれば、「勤め先」企業も理想の組織に変革できるということである。これは、明治の一大変革に通底するものである。

また、その福澤諭吉は、著書『福翁百話』の中で、「独立」に関して次のようにも述べている。

独立というのは、まず他人の厄介になることをやめて、すべて自分の身に引き受けて自分の力で衣食し、親子の間であってもそのけじめを明らかにして、その後に、自分の考えていることを言い、自分の考えていることを行うという意味である。その基礎がすでにできているからには、仮にも本心に恥じるようなことを犯して他人に屈してはならない。大事に臨んで意志を曲げないというのはもちろんのこと、一言一行の微細なことに至るまでも自分の納得できないことをなおざりにするのは、独立の趣旨ではない。他人への遠慮会釈は無用である。世の中の人情に従って仕方なくとか、一時の方便のためにやむを得ずとかと、右にすべきところを左にし、東にすべきところを西にするというようなのは、独立の真面目でなくて君子として恥ずべきことである。（佐藤きむ訳、角川ソフィア文庫）

としている。すなわちこれも、今の「勤め人」の行動や精神性のあり方を戒める、現代にも通じる内容である。「独立自尊」とは、指示待ちであったり、同調圧力に安易に屈したり、他人の目という評価に揺らいだりする、今の私たち「勤め人」に欠落してしまった精神であると言えよう。

「独立」という行動には、多大な勇気が必要である。他者への「甘え」は許されない。自分が正しいと思うことを独り貫くことで、「孤立」に追いやられるかもしれない。「孤立」しても、不安におののいてはいけない。ちょっとのことで、信念が揺らいではいけない。もちろん、その思いは独善的ではいけないし、我欲のためであってもいけない。組織全体のためを思う上での、敢然とした「個」の確立である。今はたとえ「孤立」していても、いずれは皆も必ず自分に付いてくると信じて、絶対にひるまないことである。、「孤立」を恐れて群れないことである。強者に媚びへつらわないことである。「勤め先」企業を強くするためには、一人ひとりが「独立」して、自分を信じて行動する強い「勤め人」にならなければいけない。

2　独りでも生きられる力「自分力」を高める

「勤《つと》め人《びと》」にとって、「自分力」を高めることは必須である。大樹に寄りかかるような、依頼心が強い生き方をしてはいけない。自分で決めたことはもちろん、上司の指示・命令であっても、それを引き受けて遂行した以上、責任は自分で取る覚悟が必要である。責任を「他」に転嫁する、「他人のせいにする」ことは、「勤め人」として恥ずべきことであり、絶対にしてはいけない。形勢が一転して不利になると逃げてしまうような卑怯《ひきょう》な行為をすると、後々まで、「はしごを外すずるい奴《やつ》だ」と罵倒され、汚名を残す。最もしてはならない行為の一つである。そういう人物がいるようでは、組織は強くならない。いずれにせよ組織の中にあっては、最後まで自分だけを頼りにするという強い生き方が求められる。組織では、「他」との関わりなくしては絶対に生きていけないのであるが、一方で独りでも生きられる力、「自分力」というものを身に付け、それを高めなくてはいけないのである。禅問答のような言い回しである。

ところで、この「自分力」については、国際的なコンサルタントであった今北純一氏が『自分力を高める』（岩波ジュニア新書）という著書の中で、「最後に頼りになるのは自分しかいない。『自分力』は自分で身につけ自分で高めていくものである。その『自分力』とは『自立』『個性』『能力』などを総合したものである」（内容要約）と言っておられる。まさにそのとおりである。そして筆者は、この「自分力」というものに、「利他心」と「自尊心」という心構えも必要であると考えている。最後に頼りになるのは自分しかいないのであるが、「勤め人」は「他」との関わりの中で「自分力」というものを発露しなければならないからである。「勤め人」は、組織の中で「自分勝手な振る舞い」は許されない。「他」との関わりを通じ、相互に尊重し合い、そして競い合い、最後には「オール・フォア・ザ・チーム」の精神が求められるのである。「他」があって、相互に鍛えられるのが「自分力」である。

30年以上前に、童謡・唱歌「七つの子」の替え歌が流行した。「カラスなぜ鳴くの、カラスの勝手でしょ〜」というフレーズである。自分勝手に生きることを勧奨する、「利己主義」を洗脳するとも思える歌詞になってしまっている。その替え歌を悪びれることなく、大声で歌っていたそのころの子どもたちは、今、企業という組織の中核を担う世代の「勤め人」たちである。「何をか言わんや」である。「自分力」とは、自分さえ良ければ良いとして、自分勝手に生きることとは違うのである。全く真逆である。

そして、「個人主義」というものについても考えさせられるのである。そもそも「個人主義」とは、自分勝手に生きることではない。法令などルールに抵触しなければ何をしても自由だ、勝手だ、干渉してほしくないとする考えは、認識不足も甚だしいのである。今は、「個人主義」を「利己主義」と履き違えた行動が当たり前になりつつある。「利己主義」は、他人のことは考えず自分さえ良ければ良いとする考えである。「わがまま」と同義である。「個人主義」は、人との関わりを持つ中で自分という「個」を確立させることであり、他人を尊重することを前提に初めて成立する考え方であり、生き方である。他人を無視したり、さげすんだり、他人に迷惑をかけたり、害を及ぼしたりすることは絶対に許されない。よって同様に、自分も他人からその人格を認められ、尊重されるのである。そういう枠組みや縛りの中で初めて、自由を謳歌《おうか》できるのである。そういう意味で、「個人主義」は「利他主義」の上に成立すると言えそうである。「自分力」とは、「他」と関わる中で成立する「個」の力であり、「個」の確立である。独りでも生きられる力「自分力」とは、そのような力を意味するのである。よって、「自分力」というものは、「利他心」と切っても切れない関係にある。

次に、「自分力」を高める「自尊心」についてである。「勤め人」は、それぞれの職位でそれに相応する仕事を任せられ、責任を負っている。そして、最高のパフォーマンスを発揮するよう全力を投入しなければならないのである。組織で仕事をするということには、当然にして役割分担がある。仕事には難易の違いがあり、全体からみれば軽重はあるものの、どれも必要不可欠であることは変わらない。そこには、いわゆる「雑用」といわれる仕事もある。入社間もない若手の「勤め人」が、「こんな仕事ばかり毎日やらされる」と不満をもらすことが多い。しかし、組織の中で誰かが担当せざるを得ない仕事なのである。どういう仕事であっても、「他」の誰でもない、今の自分こそが任されたのだという「自尊心」を持つことが必要である。一つひとつの仕事を通じ、「自分力」を高めることが大切である。そして、個々の「勤め人」の「自分力」の差異が、組織力の差異につながるのである。「自分力」の総和が組織力というものになる。

ところで、「自尊心」と同じような意味で「矜持《きょうじ》」という言葉がある。辞書によれば、「自分自身をエリートだと、積極的に思う気持ち。プライド」と記されている。自分の能力を信じて抱く自負であり、誇りである。段々耳にしなくなった言葉である。日本人にそういう姿勢や精神性がなくなると、言葉もいずれは死語と化してしまう。よって、心に誇りを持つ生き方を忘れないようにしたい。そうすれば、「自分の心に恥じる恥」になるような行為は、到底できなくなるからである。

さて、日本の「勤め人」は、自分を紹介するときに「何々会社の誰々です」と、「勤め先」の企業名を言う。それに対し欧米人は、所属する企業名は最初に言わず、まず職種（職務）を言うそうである。「何々ができる」「何々に携わっている」と言って、自分を紹介するのである。企業にもたれかかり、いわゆる「会社人間」

として生きるのではなく、自分は何ができるか「自分力」をアピールするのである。「ジョブ型」雇用の社会であるから、当たり前なのであろう。日本の企業のように、企業が「一生過ごす『家』」ではないのである。よく引き合いに出される笑い話がある。「あなたは何ならできますか」という質問に対して、「部長ならできます」では、「自分力」などあったものではない。部長という職種など存在しない。「勤め先」企業にもたれかかって生きる日本の「勤め人」。今までは「自分力」を持たなくてもひたすら従順に勤めれば、いわゆる「終身雇用」されるのが可能であった。筆者は、一つの企業で「愛社精神」を持って長期間勤められる日本の雇用システムは、素晴らしい仕組みであると信じている。しかし、そこで働く「勤め人」の精神性の劣化には強い危惧を感じざるを得ない。それは、この節で述べている「自分力」の低下である。「自分力」を取り戻し、頑張ってそれを高めなければ組織は強くならない。

一方で、強い「自分力」を作ることは、一企業に通用する「企業特殊能力」だけでなく、広く他の企業でも生かせる能力を習得することでもある。それはプロフェッショナルになることとも同義である。転職するかどうかは別問題として、今の「勤め先」企業で能力を高め、発揮するとともに、転職もでき得る能力を養成することである。現在勤める企業で「自分力」を磨く、また「自分力」を身につけて転職する。いずれにせよ、独りでも生きていける能力の養成である。そして、「最後に頼れるのは自分しかいない」という覚悟・心意気は、先述した「士魂（武士道精神）」に通じるところがある。それは、強い「藩」に召し抱えられるよう、いかなるときでも自分自身が強くあらねばならないのである。転職者も含めて、「自分力」がある「勤め人」が多く育ち、集まる企業は、強い組織である。

3　上司に媚《こ》びることや忖度《そんたく》することを「恥」とする企業風土をつくる

辞書によれば、「媚びる」とは「言動を努めて和らげたり、低姿勢な態度をとったりして、相手に気に入られようとする」ことであり、「忖度」とは「特に立場が上の人の意向を推測し、盲目的にそれに沿うように行動する」ことである。自分に自信がなく、不安であることから現出する行動である。下手《したて》に出ることで、ますます弱い立場になるので、毅然とした態度を取らないと、負の連鎖が始まる。自分自身に尊厳を持ち、媚びたり忖度する態度を「恥」としなければいけない。承認欲求が強く評価を気にし過ぎるから、そういう卑屈なアンフェアともいえる態度になる。上司もそういう部下の行動を看破し、厳然とした態度で臨まなければならない。いわゆる「イエスマン」を昇進させると陸《ろく》な事がない。「上《うえ》」しか見ない上司の下では、それに仕える部下に犠牲者が増え、組織は弱体化していく。

上司にとって、媚びてくる部下や忖度をしてくれる部下は、健気《けなげ》な「かわいい奴《やつ》」になるだろう。しかし、部下のそういう態度や行動を見透かし、見破る能力は、上司の資質として極めて大事なのである。強い組織をつくる上で、それができない上司は失格である。とはいうものの、そう思われないよう部下が上手に演じれば、あってはいけないことであるが、「部下の勝ち」である。巧みに乗せられ、その上司からは「優秀な部下だ」と間違って高評価を受けてしまう。その術は巧妙で、上司が判断に迷ったときなどは、それが正しいかどうかは別として、「うーん、なるほど」と上司が満足し喜びそうな回答や進言をするのである。上司の好みを察知する能力は抜群である。このようなやりとりの繰り返しでは、現出した問題の抜本的な改革など、まず期待できない。重大な案件も上滑りの議論に終始するだけである。例えば、「戦略会議」と称するような重要な会議であっても、会議メンバーが忖度するから、座長（上司）が好みそうな意見が主流となってしまい、大した改革案は出ずじまいで終わることがある。その程度の内容が、長時間を要して議論を重ねた結論ということになる。危機感から開かれる「戦略会議」であっても、上司に媚びることや忖度することがまん延すれば、このような始末である。そして、こういう悪癖がまん延すると、組織に緊張感がなくなり、事態の変化に即応できない鈍感な企業体質になっていくのである。

上司に媚びることや忖度することは、いつの時代にも、どこの「勤め先」企業にも起きることであろう。部下である「勤《つと》め人《びと》」の立場は弱く、上司から気に入られたいと自分の評価を意識するからである。例えば、事なかれ主義の上司の下で働く場合、部下は事態に危機感を覚えたとしても、意見具申さえもためらってしまう。「耳障りなことを言う奴だ」と煙たがられ、嫌がられるからである。さらには、「余計なことを言って組織を混乱させる奴だ」と、評価を下げてしまうこともある。いずれにせよ、「上」に媚び、忖度することで昇進してきた上司に対し、部下も媚び、忖度していく連鎖の組織風土ができれば、言わずもがな、その組織は間違いなく退廃していく。事なかれの馴れ合いの組織である。

ところで、日本人はかねてから、「察する」ということを人間関係の大切なスキルとしてきた。これまた辞書で調べれば、「察する」とは、「物事の事情や他人の心中を、経験に照らして（直感的に）おしはかる」と記されている。そして用例としては、「反対の空気をいちはやく察する」などがある。この「察する」という行為は、媚びることや忖度することとは全く違い、こちら側が主体となるスキルである。「一を聞いて十を知る」、あるいは「機転を利かす」に近いスキルであろうか。媚びることや忖度することは、弱い立場のこちら側がへりくだる行為で、自分が不利にならないよう、あわよくば利益を得ようと企む行為である。「察する」という行為は、決してへりくだることもなければ、下心も邪心もない立派な行為である。

言葉塾塾長で作家のジョン・キム氏が著書『媚びない人生』の中で、次のようなことを書いている。

権威を振り回す人間というのは、自分の権威の脆さを、誰よりも熟知するものである。そういう人間に立ち向かうには、強さを持つこと以外に道はない。その強さがなければ、今から死にもの狂いで努力を積み重ねることだ。一刻も早く自分の足で立っていられるように。

媚びない人生を生きていくためには、人間としての強さを身につけなければいけない。人間、平和が一番であるが、戦うときはいつでも受けて立つ気概を持つことが求められる。その気概がある人間に喧嘩を売る相手は、滅多にいないのだ。


としている。ちょっとやそっとでは動じない強さである。武士道に通じる精神性であろうか。

また忖度に関して、心理学博士榎本博明氏が、著書『「忖度」の構造』の「期待を裏切らないように振る舞う日本人」という節で、

相手の意向を汲み取る日本人の行動パターンは、相手の期待を裏切らないように振る舞うといった傾向をもたらす。日本社会に「忖度」がはびこるのも、私たち日本人には相手の期待を裏切りたくないという思いが強いからといえる。相手の意向を配慮しつつ行動するのは、私たち日本人の基本的な行動原理

となっている。……私たちは、何ごとに関しても、たえず相手の期待を気にして、それを裏切らないように行動しようとするようなところがあるのである。

と記述している。

なるほどそのとおりである。しかしここで、相手の気持ちをおもんぱかるまでの行為であれば良いが、自分への見返りを期待する邪心があるからおかしくなる。「忖度」そのものが目的ではなく、それを手段として我欲を満たそうとする魂胆が醜いのである。人間として情けない行為である。「忖度」することで相手に喜んでもらう、その幸せな満足顔が見られれば自分は幸せであるとして、そこで完結させることである。それなら「忖度」はまだ許せると思うのであるが、自分を高く評価してもらおうと我欲が絡むから悪質である。さらに、その行為によって犠牲者や損害を被《こうむ》る者がいたとしても、「忖度」を受けた者にその責任は及ばないから卑劣になる。「おぬし、愛《う》い奴じゃのう」では、絶対に許されないのである。

いずれにせよ、弱者が強者に、部下が上司に媚びることから生じる「忖度」

という行為を組織でのさばらせてはいけない。部下である「勤め人」は、上司と対等の立場であると認識して、強くならなければならない。そして、もしするならば、上司に対して、「あなたのために○○のことを行おうと考えますが、いかがなものでしょうか」と面と向かって言ってみることである。そうして、「それはやめてくれ」と言われるならばやめにすれば良いし、「上手《うま》くやってくれ」と言質を取ったなら、結果責任は了解したその上司に及ぶことになる。「愛い奴」は、そっと企んで行うからダメである。こうした行為を重ねて昇進していく「勤め人」を組織から根絶させなければいけない。日本の「勤め人」よ、我欲から生じる下等な振る舞いを「恥」と心得て、独り強くなろうではないか。

4 「おかしい」と思うことに独り勇気を持って意思表示できる態度

同調圧力とは、辞書によると「集団の中で、常にまわりと同じように考え、振る舞わなければならないと感じ、そのような行動をしないではいられない、逃れがたい雰囲気」である。皆が集まったときなどに、そう考えるのが自分一人だけであった場合、その考えを同調圧力に屈せず、押し出せる勇気は、どうしたらつくれるのだろうか。そして、無記名であれば本心が素直に言えて、記名では言えないという日本人の心理はなぜだろうか。見られているかそうでないかで、言動が大きく違う。周囲の発言や態度によって、対応を変えるのである。欧米人に比し日本人に同調圧力が強く働くという言説は多い。

「おかしい」と思うことが自分一人だけでないケースは、日常生活の中でも実に数多くある。よくある例が、会議などで議案が決定したあとに、「本当は納得できなかった」とか、「仕方ないから同意しただけだ」とか、「おかしい」と思いながら会議中は何も言わないのである。「おまえもそうだったのか、実は俺もそうだ」という不満めいた騒がしい会話は、もう「後の祭り」であり、寂しい限りである。なぜその場、会議などの席で勇気を持って言わないのだろうか。上司の指示に対しても、皆の前では首を何度も縦に振り、内容に納得した様子の同僚も、あとで聞けば「あのようにせざるを得なかった。本当は納得がいかない」などと心の中は真逆である。よくある日常のケースに、上司や先輩と一緒に食事に行ったとき、違うメニュー（高額）を注文したかったにもかかわらず、ついつい「私もそれで」と皆に合せてしまう。本意に忠実に自分の意思を告げる、それが他人と違っていると察知するや「本意を翻意」してしまう。まことに情けない限りである。

心理学で証明された現象がある。それはグループの中の一人でも勇気をもって異論を唱えると、他のメンバーも言いやすくなり、その人に続いて自分の意見を率直に言い始めるという現象である。その場の空気が変わるのである。他からどう見られようが気にすることなく、異論があれば、勇気をもって自分の意見を言う「最初の一人」になろうではないか。

そしてもう一つ、いじめ行為の例である。仲間内でいじめが始まった時、いじめ側に付かないと、次は自分がいじめの対象になってしまうという。どういう態度や行動が安易かといえば、見て見ぬふりをし通すか、最悪いじめ側に回ってしまうことである。いじめ阻止側に付くのは、大変な勇気がいるからである。しかし、誰か一人が勇気をもって阻止側に付くと、当初は遅々としてしか増えないが、ある時点を境にして阻止側の人数が一気に増え出し、いじめが解消していくという。誰もが皆、いじめはあってはいけないものだと思っている。それをなくすには、一人ひとりが正義感を抱き覚悟を決めて、その「最初の一人」になるかどうかである。組織のしがらみの中で、保身にとらわれると簡単にはできないことかもしれない。しかし、「事なかれ主義」に染まってしまってはいけない。組織を良くしていくために、大勢に向かう一人ひとりの勇気ある行動は絶対に不可欠である。

かつて、「赤信号、みんなで渡れば怖くない」というフレーズが流行し、今でも時々聞くことがある。ルール違反など絶対にしてはいけないことを、一人ではできないが、集団でならやってしまえる。そして、見つかったとしても、首謀者が特定しづらく罪は薄まるだろうと考えて起こす、卑怯な行為の例えだと解釈していた。企業不祥事などまさにこのケースであり、責任の所在があいまいになる悪質な集団的行為である。誰かが「それはダメだ！」と勇気を持って言い、その行為を阻止しなければいけない。ところが一方で、このフレーズには別の解釈も可能であると思うようになった。それは、旧態依然の古い制度やベースとなる価値観を、一人では改善や改革はできないが、皆で力を合わせて行動すればできるのだとも捉えられるのである。ポジティブな思考である。

それでは、この赤信号は一人では渡れないのだろうか。実際に街を歩いていると、車の往来がほとんどないにもかかわらず、何でこの横断歩道に信号があるのだろうと思う場所がある。遮るものはなく視界も良い場所である。そんな横断歩道で、大勢の人が信号が変わるのを待っていたところ、安全を確認した一人が赤信号を急ぎ足で渡り始めるのである。すると、待っていた何人かがつられて渡り始める。どうせ渡るのなら、つられず自分から先に渡れば良いのにと思ってしまう光景である。

今の例がふさわしくないかもしれないが、いずれにしても、「おかしい」と思ったら、勇気を持って率先して行動を起こすことである。起こせば、同じ思いの人が必ず何人も出てきて、続けて行動を起こすということである。一人、そして二人と共感者も加わり、その人数はどんどん多くなる。「勤め先」企業においても、「勤め人《つとびと》」が力を合わせれば、どんな立ちはだかる厚い壁も打ち砕くことはできるはずである。必ずそうなるのだという確信をもって、自分がその「先導役」を買って出ようではないか。

さらに話は変わるが、戦国時代の合戦では、誰よりも先に敵陣めがけて戦《いくさ》を仕掛けることを、「武勇の誉れあり」と一番高く評価した。よって、武将たちは自軍勝利の先駆けになろうと先陣、「一番槍」を競い合ったのである。死も覚悟する､リスクが大きい行為に果敢に挑んだのである。現代の組織において、旧態依然とした体質や慣行を「敵」に例えるならば、その「敵」を攻略するために、勇気を持って挑む最初の「勤め人」を高く評価し、顕彰する仕組みをつくらねばならない。それを企業風土にしなければいけない。敵陣めがけて一番に切り込む、そして後から味方がそれに従って付いてくる。「一番槍」の勇猛な働きが戦況を左右すると言っても過言ではないのである。戦況を後方からぬくぬくと見て、有利になってから初めて参戦し、要領よく「勝ち馬」に乗る、そういうずるい「勤め人」に絶対なってはいけない。

そして、「ファーストペンギン」の例えをよく聞く。ペンギンは群れで隊列をつくって歩く。獲物を取るためには、海に飛び込まなければならない。しかし、海中には天敵が待ち構えているかもしれないので、ダイビングをためらう。そのような状況の中で、勇気ある一羽が一気に飛び込むと、順次続けて飛び込み始めるという。最初の一羽が、勇気を持って海中の安全を確認することで、それに続く皆が獲物にありつけるのである。これと同様に、組織の中の皆も気持ちは同じである。本当に正しいと思えば後から必ず付いてくる。確信が得られれば、勇気を持って「先導役」になることである。

5 「いい人」をやめて「わがまま」に働く

「わがまま」を抑えて、「いい人」を演じ続けるとストレスがたまり、本人は疲れてしまう。また、周囲の目を意識して、みっともない態度や常識外れと思われる言動を控えることで、独創的な発想や行動は生まれない。記憶力主体の、一つだけの「正解」を求める教育を受け、加えて「いい人」を高く評価する指導で育てられると、画一的な発想しか生まれなくなる。個性的であれとか、独創性を発揮せよとか言われ続けるが、実態は全く違うようである。些末な例であるが、テレビのワイドショーに出演するにわか知識人のコメンテーターなどは、誰もが考え得る「正解」を述べるだけであるから、話が膨らまない。視聴者の受けを狙うコメントはことさら要らないが、その人なりの独創性がある発言を期待したい。そのためには、普段から独自視点でしっかり考え、探求心旺盛に勉強をしていなければいけない。「不可」がないだけでは、何も積み上がらない。減点主義の弊害がここにも表れているようである。

世の中がこのようにして、企業においても、「わがまま」を抑えた「いい人」ばかりになると、画一的で「ありきたり」なものしか生まれず、独創的な発想は出てこない。過去の経験が通用し、それを踏襲できた時代とは違い、変化が激しいこれからの時代に勝ち残り、「勤め先」企業を成長・発展させるためには、独創性が最重要テーマになる。そのことは誰も疑わないはずである。重要な経営課題について実施される会議も、その内容は「ありきたり」なもので、当たり前としか思えない結論で終わる。有能な幹部が集まって開催されたにもかかわらず、結論は会議をするまでもない内容であり、革新的な発想はほとんどない。

過去と同じ発想で、同じようなことを行っていてはダメであるが、もはや「いい人」たちだけではそんな形しかできないようである。ほとんどの日本企業が、残念ながら、今はきっとそういう状況ではないだろうか。気が付かないうちに日本全体に大胆さがなくなってしまい、何をやっても前に進まない硬直状態の国になってしまったのである。過去の成功体験の延長での仕組みが残り、発想もその枠から抜けきれない内容なのである。日本にとって、そして企業という組織にとって、本当に「いい人」とは誰なのか、どういう人を言うのかを真剣に定義付けし直さなければいけない。実のところ本当は、いわゆる出世していく「勤め人《つとびと》」が「勤め先」企業にとって、本当の「いい人」でないのかもしれない。「いい人」でなかった人が、実は「いい人」であるのかもしれない。しかしもう、その「いい人」は排除されているか、企業に残っていても、権限の小さい立場に追いやられているに違いない。

脳科学者の茂木健一郎氏が著書『「いい人」をやめる脳の習慣』の中で、自分で判断して行動することは、脳科学的な立場から見ても極めて重要な行為であるとし、

「いい人」をやめるというのは、たとえば上司の言うことなどに常に逆らえということではありません。「いい人」をやめるというのは、さまざまなことを他人任せにするのではなく、自分で判断して行動するということです。

と述べている。なるほど、それが企業という組織においての「いい人」なのであろう。よって、いわゆる「イエスマン」は「いい人」ではないということである。それにしても、えせ「いい人」が増えすぎてしまっている。

「わがまま」と自由が違うことは、誰もが承知し、自分勝手な「わがまま」というものが良くないことも、十分に理解している。そして、周囲の評判や上司の評価を意識する日本の「勤め人」にとり、職場での「わがまま」な振る舞いは、そうする勇気もないからできないことも分かっている。これらを前提にして、本節で「わがまま」という言葉を敢えて使う訳は、日本の「勤め人」が「いい人」をやめるには、「わがまま」なくらいが丁度良いという意味からである。まさに「わがまま」とは、自分で判断して行動するということに通じるのである。

勤めていたころに、私はよく次のような言い方をしていたことを懐かしく思い出す。それは「わがままを言いますが、今日は定時に退社させていただきます」、「わがまま言ってすみません。来週休暇をいただきます」、そして、「わがままを言いますが、自分の考えたとおりに進めたいと思います」などである。「わがままを言います」は「勝手を申します」と同義として、いやそれ以上に自分をおとしめて相手にお伺いを立てる言い方のように感じるのである。自分の権利を主張し、何が何でもそれを叶えるときの慇懃《いんぎん》無礼な「殺し文句」かもしれない。

相手に合わせて「いい人」になってしまうことは、企業という組織にとって良い事ばかりではない。自分の考えが上司と違うとき、異を唱え自分の意見を主張することは上司にとり、「うっとうしい奴《やつ》」であって、「いい人」でないかもしれない。しかし、そういうやりとりをしないと、組織として間違った判断をしてしまう恐れが出てくる。前にも述べたように、上司も指示・命令が思いつきだったり、実は自信がなかったりするケースが往々にしてある。異論がなかったり部下から反論されないと、熟考する機会がなくなり、「まあこれでいいか」と安易な判断になってしてしまう。これが企業にとっての重要事案ならば、それでは済まされない。結果が損失を出せば、責任問題になる。そういうとき、部下である「勤め人」は、覚悟を決めて「異」を唱えなければいけない。たとえ「上《うえ》」の逆鱗に触れたとしても、異議を言う「勤め人」こそが、「いい人」

なのである。ここでも「わがまま」を使って、「『わがまま』な言い方かもしれませんが、それについて私としては全く承服できません」と言い切らねばならないのである。もちろん、常に対案を添えてである。

そのような重要な場面に限らず、自分の要望や欲求を満たしたいときには、「わがまま」を言ってそれを実現させようではないか。減点を恐れ、遠慮などして、「いい人」ぶってばかりでは、いつまでたっても「勤め先」企業は良くならないのである。

6　上司の指示・命令に従わない勇気を持つ

今の「勤《つと》め人《びと》」は、「言われたこと」を従順にやり遂げる能力は高いが、指示待ち人間が多いという。そして、正確に問題を解くことは得意で、上司が好みそうな解答をすることに長けている。出題に対し、突拍子もない解答は絶対に避け、減点にならない無難な対応をする。減点回避主義である。さらに、自分では問題を見つけない。もし見つけても、余計で厄介な仕事をつくったと上司から嫌がられるのが「関の山」で、何の得にもならない。そう思われては困ると勝手に判断し、部下は聞かれるまで、それを「表」には出さない。指示・命令されたことだけを唯々従順に真面目にこなすのである。

一方で、上司の指示・命令も、深掘りした的確なものばかりではない。焦点や優先順位が大変あいまいで、明確さを欠く指示・命令も多い。加えて、思いつきで出たものもある。さらには、何気ない上司の発言を部下が忖度《そんたく》し、勝手に指示・命令だと解釈して、右往左往する馬鹿げたケースもある。もちろん、上司が鋭い感性の持ち主で、その思いつきが的を射る内容の指示・命令かもしれないし、部下が勝手に忖度したものが、隠れていた課題を見事にあぶり出したものであるかもしれない。よって、何事も一概に軽々には侮れないから難しい。

いずれにせよ、上司の指示・命令は、部下としても十分丁寧に吟味する必要がある。先がよく見えない時代、あれもこれもやっておいた方が良いとして、軽重の精査もせず、優先順位も付けず下《くだ》してしまう。全知全能でない上司の下で働く、指示待ちの従順な部下。この関係が組織にある限り、労力のムダな投入が続く懸念は拭えず、それでは労働生産性が上がるはずがない。「追いつけ追い越せ」の時代ははるか昔であって、高度成長の時代はとうに過ぎ去り、今は先進国として世界を先導していくべき立場である。それにもかかわらず、思慮を欠く「勤め人」たちの集団では、現状を維持することはおろか、衰退しても不思議でないのである。

言うまでもなく、「勤め人」の世界で、上司と部下の関係は極めて重要である。

なぜかといえば、日本の場合、課単位・係単位などチームで成果を上げなければならないからである。同じ目標に向かって、上司と部下の良好な連携とコミュニケーションは絶対条件である。ただし、前述したとおり、部下は上司の私有物でないということである。この「部下を私有物としてはならない」という訓言は、経団連元会長の土光敏夫氏がかつて東芝再建に際し、東芝管理職に読ませるために書き下したマネジメント読本で、厳然と宣言したものである。筆者も長年「勤め人」をしていると、同じ「悟りの境地」に立つものだと、我ながら（恐れ多くも）感心するのである。まさにそのとおりであり、組織の絶対に外せない「大原則」の一つである。

日ごろからコミュニケーションが十分に取れていたとしても、上司の指示・命令に従わないことは簡単にはできない。特に、カリスマ性を持った超優秀な上司、いわゆる体育会系の厳しい上司、パワハラ性を感じる陰湿な上司、口論には負けない理屈っぽい上司などに対し、「その指示・命令には納得がいかない。従えません」とはなかなか言えるものではない。こちらの言い分を聞き入れてもらうには、まずは部下側が、上司に一目置かれるぐらいに優秀で、リスペクトされる場合である。さらに、自分の右腕だと上司が見なしてくれる存在であれば、なおさら良い。しかし、そうでない場合が大半であろう。そうではなくても、日ごろから担当業務に問題意識を持ち、熱意で仕事に取り組んでいるならば、物おじする必要はないのである。加えて、上司と部下は「愛社精神」という土俵の上では対等の立場である。「これはおかしい」と思ったなら堂々と意見具申し、指示・命令に従わない覚悟と心意気を示さなければならない。

指示・命令に疑念を覚え、直感的に「今回は何かおかしい。納得がいかない」と思ったなら、恐れず遠慮せず意見具申することである。そして、「今回の指示・命令には、どう考えても従えません」と覚悟を決め、勇気を持って言ってみることである。職位に関係なく、そういう強い「勤め人」になろうではないか。言ってみると「やはり、君《きみ》の言うとおり、そうだよなあ」と上司の口から自らの不安を拭う、安堵《あんど》する返答が意外とあるものである。

ところで、筆者が重要な案件の対応を責任者として任されたときの話である。上司が筆者のやり方に対して「そのやり方ではダメだ」と決めつけ、細かい指示をしてきたのである。そのあまりにも細かい指示に我慢できなくなった筆者は、その上司を別室に呼んで、「やり方は、いろいろあると承知している。私なりにしっかりと考えたうえでの方法であり、順調に進めている。そして、間違いなく期限までに完了させるよう頑張っている。よって、途中での口出しはしないでいただきたい」と申し入れたのである。十分に時間をかけて丁寧に説明したところ、筆者が進めているそのやり方で良いとの結論になった。上司は誰でも、自分が考えるやり方しかダメだと頭越しに指示・命令をするケースは多い。しかし、進め方には、いろいろなやり方がある。部下に任せた以上は、特に問題がなければ任せるのがマネジメントである。また部下も、指示・命令に盲目的に従うのではなく、自信を持って自分の考えを言うべきである。幸いにも、その時の上司は極めて有能な上司であったので、丁寧に説明すれば、こちらの言い分を十分に理解してくれ、その後わだかまりなく業務を進めることができたのである。皆の前で部下から反論されると、上司には上司のメンツがあるので、有能であっても高圧的な態度になってしまうかもしれない。上手な叱り方は、皆の前で叱らず、別室などで叱ることがセオリーであるのと同様で、別室でやり取りしたことも功を奏したようである。有能な上司であれば、こちらが正しいと思うことを遠慮せずにはっきりと主張してみれば良い。ごく一部に独善的で威圧的な上司がいるかもしれないが、本当に有能な上司は「話せばわかる」はずである。もちろんこちらからアクションを起こさなければリアクションはないから、自信を持って行動に移すことである。

さらにもう一つ、上司の指示・命令に従わない例として、「やり過ごし」がある。上司は自信がないので、あれもこれもやってほしいと思いつきも含めて、部下にオーダーを出す。そして、上司の満足にすべて応えようとすれば、どれだけ時間があったとしても限界があり無理である。よって部下は、内容の軽重を考えて優先順位を付け、「やり過ごし」も必要なビジネススキル、大切な技量になってくる。「やり過ごし」を判断するのも部下の能力の一つである。オーダーされた案件を処理対象から外し、「これはやらない」というジャッジである。勇気が要る、技量を試される判断である。

これも筆者が勤めていたときの話である。いつも細かいことを指摘する上司に閉口していた。そして、いつものように、あれもこれもとオーダーが出るのである。それに対し、軽い返事で聞き流した案件があった。かなり日が過ぎてから、「そういえば、オーダーしたあれはできたか」という質問が飛んできたのである。それに対し私は、「そんなオーダー、聞いていましたっけ」ととぼけた返答をしたのである。上司が言うには、「そうだな、それって別にやらなくていいよね」という結末であった。正直なところ、それらしいことを聞いてはいたが、最初から必要ないとこちらが勝手に判断したわけである。最初にオーダーが出たときに、「やる、やらない」をいちいち議論していたら、「やってほしい」という細かい指示・命令になるのが落ちであったのだ。よって、「やり過ごし」をし、敢えて勝手に聞いてないふりをしたのである。

すべてに従順に関わっていたら、仕事は増えるばかりである。部下の方で、上手に「聞き流す」ことも必要であり、「やり過ごす」ことも「勤め人」の技量である。経験則が通用しないこれからの時代、上司は不安であるから、あれもこれもやっておこうと指示・命令を出してくるだろう。能力的にも物理的にも、部下の側には処理できる限度というものがある。「やり過ごす」ことは、緊急度と重要度の2軸にコストパフォーマンスを加えて、仕事の優先順位を付けるという訓練にもなるのである。将来上司になった時の、極めて重要な管理能力になるのである。覚悟と責任を持てば、部下が指示・命令を「やり過ごす」ことも、組織にとっては大事である。

このことに関しては、東京大学教授高橋伸夫氏も著書『できる社員は「やり過ごす」』の中で、ご自身が実施されたアンケート調査を紹介しておられる。古い調査結果かもしれないが、1991年から1995年までの5年間に3、395人を対象にした質問である。「指示が出されても、やり過ごしているうちに、立ち消えになることがあるか」との問いかけに対し、63・1%の人が「はい」と答えたとのことである。

このアンケート実施時期は、バブル崩壊後の視界不良・制御不能ともいえる時代であった。よって、上司からあれもこれもと指示・命令が飛び、部下は「やり過ごす」ことで自身の業務をコントロールしていたのかもしれない。30年ほどが過ぎた現在では、「やり過ごし」が増えているやら減っているやら、どちらであろうか。きっと、従順な「勤め人」が多くなったこともあり、「やり過ごし」は減っており、部下である「勤め人」はキャパオーバーにあえいでいるのではないだろうか。したたかさを持った、良い意味でずる賢い「勤め人」が昇進すれば、的確な指示・命令が出せる上司になるのでは、と改めて考える次第である。一つ間違えば叱責を買う、部下たちの将来への生産性向上に資する、「管理能力養成実践講座」である。

第6章
「勤め人」と企業の関係が目指すべき、これからの姿

1 「承認欲求」に甘えず、「自己実現欲求」を充足する「働き方」へ

マズローの心理学で、「欲求の階層説」という広く知られた理論がある。人には五つのタイプの欲求が階層をなしており、人の行動はその優勢度によって順次起こるとしている。第1階層は「生理的欲求」、第2は「安全欲求」、第3は「所属と愛の欲求」、第4は「自尊欲求」である。この「自尊欲求」とは他人から尊敬され、自分の存在を承認・評価してもらいたいという欲求でもあり、「承認欲求」ともいう。そして第5階層は、「自己実現欲求」である。そして、「生理的欲求」から「自尊欲求」までを欠乏欲求と呼び、「足りないから満たす」という性質のもので、満たされれば消滅する欲求である。これに対して、「自己実現欲求」は他の欲求と異なり、いくら充足しても満足することはない欲求である。そして、「自分の理想像」という到達点のない境地に向かって成長し

ていく欲求であり、生涯をかけて充足・追及していくものであるとしている。

「自尊欲求」でもある「承認欲求」を充足させれば、「勤《つと》め人《びと》」はモチベーションを高め、一生懸命に働くはずだとし、あの手この手でその頑張りを顕彰する。「承認欲求」を刺激すること、「ほめる」ことが手っ取り早い、いわゆる「人材活用術」になるのである。しかし、それを続けるうちに、本来は内発的に作用していたものが外発的動機づけへと変化してしまう。すなわち、「承認欲求」は内発的でなく外発的であるということである。そして、外からの作用は、当人の自尊心をくすぐるから、上手にその掌中《しょうちゅう》に収まり、踊らされて頑張ることになる。これを企業（法人）に置き換えれば、新商品や新業務を開発した際に、その新規性や珍しさに注目しメディアは報道対象にする。報道され称賛されると、「承認欲求」が満たされ大いに意気が上がることになる。そして広く報道される満足感を何度か味わうと、狙いがメディアに取り上げられる内容かどうかにすり替わり、新商品や新業務が、顧客満足に資するものから大きくかけ離れたものになってしまう。世間からはよく頑張っている企業のように見えるが、実効が伴わないコストだけが掛かる行為となっていく。承認されるために、次から次へと商品やサービスを新規に開発し、発売し続けなくてはならなくなる。まさしく、「承認欲求の呪縛」に陥っていくのである。

承認されることやほめられることは、外因的な要素が強い。そうではなく、自らの尊厳を自らが認める「自尊欲求」につながるよう、自らを上手に動機付けしなければいけない。1996年アトランタ五輪のマラソンで、有森裕子さんが銅メダル獲得時に吐いた「自分で自分をほめたい」という言葉こそ、自らを認める「自尊欲求」充足の心理を表していると思う。いや、「自己実現欲求」充足の境地だったのかもしれない。前回大会では銀メダルを獲得するなど、すでに誰もが認める輝かしい実績の持ち主だからである。私たち「勤め人」も、他からほめられることを目標にして働くことを、もうやめにした方が良いと思う。ほめられることで快感を覚えるであろうが、それは、「ヒト」という経営資源である自分が、「上《うえ》」に上手に使われようとしているだけである。「承認欲求」を刺激され、「勤め先」企業に上手に使われているようではダメである。よって、これからの「勤め人」は、「自己実現欲求」の充足に向けて、ひたすら「自己の陶冶《とうや》」に努めなければならない。他からの評価、特に上司からの評価を気にすることなく、自らの夢や目標に向かって自分を磨き続けるのである。安易な自己満足で終わらせることではない。自らが作り上げる「強い自己」の実現である。

ここで、「自己実現欲求」の意味について、その内容をしっかり確認することとする。中央経済社『組織行動論』（関本浩矢編著）を参考にすれば、

「自己実現欲求」は他の欲求とは異なり、いくら充足しても満足することはない性質がある。足りないから満たすという性質を超越し、「自分の理想像」という到達点のない境地に向かって成長していく欲求であり、ある理想像を設定して実現したとしても、さらに高水準の理想像を持つようになる。そしてこれは、生涯をかけて充足・追及していくものであり、他と比べてひときわ性質が異なる欲求である。

と要約できるのである。

さらに、心理学者上田吉一氏の『自己実現の達成』（大日本図書）には、

自己実現をとげている人の最も顕著な特徴は、自己を受け入れることができる点にある。自己を肯定し、自己を受け入れることは、自己を信じることでもあり、自信をもつことである。この自信は、他人に対する信頼感に発展し、他人の人格をも受け入れることともなる。実際、自己を受け入れる人は、他人を受け入れる人でもあり、また自己を愛する人は、他人を愛する人でもある。

と、高き理想像が記述され、さらに、

自己を受け入れ自信をもつ人は、他人をも理解し、たとえ自己とは主義主張や性格が異っていたとしても、よくこれを受け入れることができるのである。……ときには他人に対し、明確に「ノー」という態度を表明することもできなければならない。……自分の見解と相いれないときには、勇気をもって明確にこれを拒むことができるのである。

と、強い自己の確立を述べている。

つまり、私たちが普段軽く解釈していた、「自分のやりたいことをやる」、「自分の夢を実現させる」などとは、意味が少し違っている。「自己実現欲求」は、「勤め人」の内的な動機、内からこみ上げるものに動かされて自分の理想像を目指し続ける欲求であって、他人との関わりから解放された、「自分だけの哲学」である、と言えそうである。

さて、こういう人こそが「自己実現欲求」の達成を目指して頑張る「勤め人」なのであろうと感じた実例である。それは、筆者入社時の配属店の男性支店長（役員）である。第3章でも記述した戦後の経済復興を担った「勤め人」たちの一人である。昭和3年生まれであるから、戦前に中等までの教育を受け、その時代に人格が形成された世代である。ソフトな物腰であるが、信念が強く気骨があり、「他人がどう言おうが自分は自分」を貫いた人である。目先の細かい事は次席以下に任せ、常に大局的に物事を判断し行動する「勤め人」であった。よって、社内のみならず顧客からの信頼も厚く、人格者として尊敬されていた。ある時、慣れない仕事に戸惑う新入社員の筆者がこう尋ねたのである。「支店長にとって、仕事とは……」と。すると間髪入れずに、「仕事は『男のロマン』だ」との返答であった。「ロマン」とは、辞書によれば、「厳しい現実に疲れがちな人びとが、潤いや安らぎを与えてくれるものとして求めてやまない世界。またはそれを求める心」という意味である。夢や空想をかきたてるものの意でもある。目先の実利を効率的に求める合理主義とは違って、成果はすぐには得られないかもしれないが、自分の理想に向けて、自分自身が納得するまでとことんやり遂げるという、そんな感じであろうか。「自利」を優先して必死になるのではなくて、自分が描く夢や理想を求め続けるという高邁《こうまい》な生き方であろう。そしてさらに、一日の仕事を終えて、「どんなときに達成感・満足感が得られるのか」と聞くと、これまた間髪入れずに、「頑張ったときは、その夜飲む酒が本当にうまい！」とのことであった。そして、「うまい酒が飲めるよう、その日を頑張るのだ」と、にっこり笑みを浮かべそう付け加えたのである。筆者はこの生き方、いや働き方に感銘を覚え、「勤め人」人生の指針にした次第である。他の誰からでもなく、「自分が自分をほめ、そしてさらにその水準を上げていく」という境地で、仕事に取り組みたいものである。

仕事における自己実現とは、他人の評価を一切気にすることなく、また失敗を恐れることなく、自分の仕事に没頭しやり遂げることなのである。他人がどう言おうが、自分は自分、信念に従って前進することなのである。それは、自分が描く理想に向かって、一つひとつを積み上げていく際限のない挑戦である。周囲の言動に同調したり、上司の評価に萎縮することなどは、保身でしかなく恥ずべき態度である。よって、ほめられたいという意味での「承認欲求」はあくまで「甘え」に過ぎず、こちらから求めてはいけないのである。そして、「勤め先」企業による「勤め人」の巧みな活用術につながりかねない「承認欲求」というものに惑わされてはいけないのである。究極、評価されることを意識せずに取り組めるようになれば、仕事に愛着が生まれ、エンゲージメントが高まり、労働生産性は向上すると確信する。それはまさに、「『自己実現欲求』充足のすすめ」である。理想は自分が掲げ、結果を評価するのも自分自身である。

2　評価を気にしない「働き方」で人事評価する

この節は、相矛盾する表題である。日本の「勤《つと》め人《びと》」は、大部屋で向かい合わせに机を並べ、他人の目である上司の評価や周囲の評判を気にして仕事をしている。「ジョブ型」雇用のように「職務記述書」に職務内容が具体的に示されていれば、そのとおりの遂行で特に何も気にする必要はないのかもしれない。しかし、日本の雇用形態である「メンバーシップ型」の場合は職務にあいまいな部分が多く、お互いに助け合うことも重要視されるから、見せかけやオーバープレゼンスなど、評価を気にした「働き方」になってしまう。そして、人事評価制度は「業績評価」、「能力評価」、「情意評価」で構成され、その中でも、仕事に対するやる気や熱意を評価する「情意評価」が、くせ者である。情意とは態度のことであり、その基準はあいまいな部分が多いので、どこまでやれば良いのか際限がない。加えてそこには、協調性に欠ける「勤め人」や、とがった

「勤め人」を排除しようとする意図が見え隠れする。「勤め先」企業が、使い勝手の良い「勤め人」を養成しようとして掲げる項目とも思える。入社時から早速、その企業の色に染まるよう「洗脳」されるのである。そして「情意評価」の項目には、「積極性」、「責任感」、「協調性」などがあり、アピール度が強く見せかけが巧妙であると、高評価につなげることも可能になる。それとは逆に、地味に一人コツコツと頑張っていても積極性が表に出ず、また、成果が芳しくないと責任感がなさそうに見え、さらに、周囲との関わりが弱いと協調性がないと見なされてしまうのである。アピール度が強く、オーバープレゼンス気味の「勤め人」に有利に働く項目である。よって、評価者である上司を欺《あざむ》くことも十分可能になる。

「情意評価」のこれらの具体的な項目は、度が過ぎると周囲に、そして組織全体に迷惑を及ぼすリスクをはらんでいる。「情意評価」が高い「勤め人」は、一人遅くまで頑張り、有給休暇も取得せず、困っている同僚がいれば進んで手助けするなどして、エネルギッシュで快活である。組織をまとめる立場の上司にとっては、優秀な「勤め人」であり、いわゆる「模範生」である。そして、

「情意評価」が優位の「勤め人」は、「承認欲求」をもっと満たそうと、「働き方」がどんどんエスカレートしていく。周囲にもそれを見習えと、組織のオーバーワーク度は増すばかりである。チーム全体に「うその勤勉」が広がり、常態化する。有給休暇などの権利も請求しづらく、長時間残業が恒常化し、さらには形だけの会議なども増えて、結局ムダの多い、エンゲージメントを下げる組織へと化していく。

このように「情意評価」は、認められたい、ほめられたいという「承認欲求」と連動しており、良い評価を受けると、「勤め人」はますます頑張ってしまうことになる。「情意評価」は、「あいつはいつも粘り強く頑張っている」、「あきらめずに頑張っている彼（彼女）を見習え！」、「君はいつも文句ばかり言う」、「彼（彼女）はいつも勝手な振る舞いが多過ぎる」など、このような日常の行動の積み重ねが、評価の対象になるわけである。人間関係での感情が入りやすい評価であり、恣意《しい》的な判断が絡む内容である。思い込みがベースにあると、「能力評価」や「業績評価」に影響が及び、「何をやらせてもダメな奴《やつ》だ」とか、反対に「頑張ったのに結果が出なかったのは彼（彼女）のせいではない」などと、極端にバイアスがかかった評価になってしまう。よって、部下は上司から少しでも好印象を得ようと、情意面で頑張ってしまう。同僚の「勤め人」より相対的な印象を少しでも良くしようと努力するのである。

人間の行動は、常に両面の見方ができるという。「遅くまで頑張る」は「要領が悪い」のであり、「積極性がない」は「慎重である」であり、「協調性に欠ける」は「独自性がある」などである。一方向の価値観で見ると、良い評価に恵まれる場合もあれば、不幸にも悪い評価にされてしまうこともある。よって、情意面の評価は難しく、評価者には鋭い観察眼が求められる。

情意面で優等生のレッテルを張られた「勤め人」がいて、さらにそれを見習えと言う上司がいることが、労働生産性を低くする元凶の一つである。「追いつき追い越せ」の時代や高度成長時代なら、それで十分に良かったのかもしれない。それは、国を挙げて一糸乱れず前進するのみ、頑張るのみの時代であったからである。しかし、前節でも強調したように、「勤め人」にとってこれから大事なのは、「自己実現欲求」の充足である。他人が何を言おうが自分の信念を貫き、「世のため人のため」に自分なりに最高の仕事をする。それは、上司の評価などを気にしていては成就できない「働き方」なのである。

そもそも「情意評価」の「情意」とは、辞書によれば「感情と意志」の意であり、仕事に関して言えば「やる気と熱意」のことである。よって、与えられた仕事に対する態度や取り組み姿勢を評価するわけである。生産性の観点からすれば、業務を遂行し成果が上がれば、そもそもそういう項目がどうであろうが良いのではといえる内容である。この「情意評価」が「やる気と熱意」を引き出し、労働生産性を向上させなければならないにもかかわらず、それがあるためにかえって「うその勤勉」をつくり出し、結果として、成果を下げてしまっている。全く皮肉で、おかしな現象である。そもそも日本の「勤め人」は他人の目、評価を気にして働くから、「情意評価」などというものは要らないのである。その項目がなくても、日本の「勤め人」は、当たり前のように頑張るのである。「情意評価」があるから、その項目内容に沿った態度や行動が、オーバープレゼンスしてしまう。よって、「情意評価」を人事評価制度から、ぜひとも削除することである。もし存続させるのなら、その評価内容を従来とは真逆なものに変えることである。つまり、次のような内容である。

それは、特に「協調性」についてである。今まで何度も述べたように、協調性を強調し過ぎると、それが同調圧力に変わり、いわゆる「イエスマン」が昇進して、最後は「勤め先」企業をダメにするからである。変更するならば、その具体的な内容を、例えば、「考えの違いがあれば、相手が上司であっても自分の意見を堂々と主張することができるか」、「割り当てられた自分の仕事が終わったら、上司や同僚が残っていても、手伝わず率先して帰ることができるか」、「就業規則上の権利を当然のこととして請求し、エンゲージメント向上に努めているか」などを評価の内容にするのである。次に「責任感」については、「困難な仕事であっても、切りをつけ時間内に終わらせるようにしているか」とし、効率を考えず長時間かけて頑張る姿勢が、決して優れていることではないことを啓発する。さらに、「積極性」については、「自分がおかしいと思うことを同調圧力に屈せず、率直に意見具申・進言しているか」、「上司の意向と違っても、今行わなければならない仕事を自分から申し出てするようにしているか」などである。

いずれにせよ、人事評価制度が不要であるとは誰一人思わないであろう。従って、その評価項目の内容そのものの見直しが求められるのである。「追いつけ追い越せ」の工業化社会の旧態依然の内容を、これからの産業社会の仕組みにふさわしいものにしていくのである。すなわち、労働生産性向上に資する内容に改正するのである。よそと同じ内容の、横並びの評価項目や内容はありえない。なぞればよい、いわゆるテンプレート（ひな型）などあってはいけないのである。よって、企業の強み・弱みを踏まえた独自のものをつくらなければならない。そしてこれからは、評価を気にしない「働き方」ができる「勤め人」こそを高く評価しなければならないのである。

3　オーナー意識を持ち企業と対等の立場（取引関係）に立つ

「勤め人《つとめびと》」は、「労働」という経営資源のオーナー（所有者）である。そして、「勤め先」企業にとっての重要なステークホルダー（利害関係者）でもある。従って、「勤め人」は自らが所有する「労働」という経営資源を「勤め先」企業に提供し、その見返りとして賃金（報酬）を得ているのである。「勤め人」と「勤め先」企業は対等の立場であり、取引をしている関係にある。ただし、労働需給によって「勤め人」の立場が弱いときがあるから困ったものである。不況時で有効求人倍率が「1を下回る」ときは、「労働」という資源を買ってもらうのに苦労することになる。安くして買ってもらうか、いくら安くしても買ってもらえないか（失業）、である。需給関係で有利・不利が生じることは、仕方がないことである。いずれにせよ、両者が取引関係である立場に違いはない。

一方で日本の場合、歴史的背景・文化的背景などから、両者は、「勤め先」企業がいわゆる「家」であり、「勤め人」がそこに住む家族であるというウエットな関係で捉えることもできる。単純に、ドライな取引関係にはなりにくいから、それには意識変革が必要である。「一生すごす『家』」であっても、隷属的に働くのではなく、主体的に働かなければならない。相互が対等の立場であるという意識を持たねばいけない。そして、家族という組織の構成員として、「家」を良くし繁栄させなければならない。「家」を繁栄させるためには兄弟（姉妹）喧嘩もし、時には「家長」の言いなりにならず、盾突くことも必要である。戦前までとは違い、今は民主主義の社会であるから、「家」であっても個々の存在は平等であり、対等であり、人格が尊重されるのである。そういう意味からも、「勤め先」企業である「家」のあり方は、昔とは全く違う。しかし、「住まわせていただく」という下手《したて》に出る意識は強く、いまだに「家長」を頂点とした権力階層や長幼の関係で拭い去りがたいものが残っている。よって、家族全員が意識変革をし、「一生すごす『家』」のいわゆる「近代化」を急がねばならない。短所をなくし、長所を伸ばす改善が必要である。そうしなければ、これからの時代、古いままの「家」では繁栄していかない。

改めて申し上げる。「勤め人」は、「労働」という経営資源のオーナー（所有者）なのである。そして、オーナー意識、オーナーシップとは次のように説明される。それは、

個人が与えられた職務やミッションに対して主体性を持ち、取り組む姿勢やマインドのことをいう。オーナーという言葉には、「所有者」という意味がある。個人の持つ課題や任務に対し、当事者意識を持って取り組んでいる状態は、課題や任務を他から「与えられる」のではなく自ら「所有」している状態ともいえる。（グロービス経営大学院ＭＢＡ用語集）

ということである。現在でも、日本の「勤め人」には「与えられる」という意識が強過ぎるように思われる。例えば、仕事は与えられるものであり、給料は与えられるものであり、休暇も与えられるという意識である。そうではなく、取引として得るものであり、権利として取れるものである。

さて「勤め人」は、雇用契約を結ぶことで「勤め先」企業との取引関係が開始する。しかし、日本の「勤め人」は、就業規則、労働契約書、そして労働法規の内容、いわゆる「権利と義務」を十分に理解せず、詳しく知らないまま就業している。入社すれば、いわゆる「終身雇用」が保障されていると思っているからであろう。しかし、しっかり知っていないと、せっかくの権利を請求し行使できないケースが生じかねない。不利な取引を甘受するようではダメである。よって、「勤め人」が「勤め先」企業と対等な関係で渡り合うには、それらの内容を熟知し、状況によっては改正も働きかけなければならない。与えられるのではなく、「働きがい」と「働きやすさ」を「勤め人」自らが、獲得していくのである。「勤め人」が自分の立ち位置を明確にし、自身を守り、言うべきことを言うためには、契約内容や法令などの熟知は必須である。企業との関わりは、受け身ではなく、主体的かつ能動的でなければならない。それにより、「勤め先」企業を成長させ、長く繁栄させる動力源になれるのである。すなわち、Ｗｉｎ－Ｗｉｎを目指す契約関係である。ルールを知らずして、スポーツは楽しめないのであり、プレーヤーは判定に抗議もできない。全くそれと同じである。雇用はあくまで契約である。中途採用はもちろん、新卒一括採用であれ、入社時には諸契約を熟知し、その後も都度読み返して確認し、「勤め人」自らが雇用という取引関係が有利になるようにしていかなければならない。

権利は、待っていても勝手にやって来ない。権利がある場合はその内容をよく知り、自らが行使しなければならない。権利がまだないのならば、交渉して取得していくことが求められる。しかし、日本の「勤め人」は、制度がありながら、有給休暇を始めとした諸権利を完全には行使できていない。いや、自らが放棄してしまい、行使しないのである。「勤め人」と「勤め先」企業の関係は、れっきとした契約関係であるから、ためらうことなく行使できるのである。欧米人からみれば、理解しがたい現象、いや不思議な慣行であろう。苦労して勝ち取った成果物でなく、「与えられている」という意識が強いことが原因の一つなのだろう。

ホームランボールを投げてもらったにもかかわらず、打者が見送るシーンを想像してしまう。打撃力を十分に持ち合わせていながら打たない、なぜか打とうとしないのである。何か「裏」があるとしか思えない。将来に、見返りを期待しているとしか思えない。頑張っているふりをしないで、「うその勤勉」をしないで、正々堂々自信をもって権利を行使しようではないか。自分に自信があれば、何のためらいもなく行使できるはずである。周囲の目や評価におびえているから、行使できないのである。権利を行使しないことで高く評価される、「勤め先」企業と「勤め人」の関係はどう考えてもフェアではない。評価を意識し萎縮した「働き方」では、エンゲージメントは絶対に上がらない。よって、「勤め先」企業が「やる気アップ策」を講じても、一時的な効果に終わり、そもそも労働生産性を向上させることは難しいのである。

ところで今は、真に実力があり気概さえあれば、起業も含めどこでも雇用（転職）されることが可能になっている。そして、「勤め人」がどこにでも通用する能力を備えれば、現在勤めている企業において存在感も増し、事に当たり強い態度で臨めるはずである。「甘え」が、今の「勤め先」企業にすがりつくしかないという弱い立場を生む。「勤め人」にとり、生産性向上の足枷《あしかせ》にもなる「甘え」は厳禁である。雇用維持を重視する保護的な諸政策がそれを許していると言えなくもないが、組織に対し対等以上の立場になれるよう、「勤め人」に「甘え」は許されないのである。「勤め人」と「勤め先」企業の契約に基づく取引は、ある意味、割り切った冷徹な関係の上に成り立つのである。

再度申し上げる。今こそ、「勤め人」にオーナー意識、オーナーシップが必要であると！　もっとわかりやすく言えば、「勤め人」を「労働」という経営資源を所有し、付加価値を生み出す「個人事業主」であると見なすのである。「勤め人」という事業の立派な経営者ということである。もちろん、親会社と下請け企業の関係ではなく、対等な、横につながる取引関係である。それは、生涯にわたって続く取引であるかもしれないし、途中で契約が解消され、別の取引が始まるかもしれない。いずれにせよ、「個人事業主」という立場で、「勤め先」企業と対等な取引をする気概が求められる。契約に基づく取引をする「勤め人」のエンゲージメントが高まれば、労働生産性は上がり、取引先となる「勤め先」企業の業績は間違いなく向上する。それは、持ちつ持たれつの、Ｗｉｎ－Ｗｉｎを目指す対等な関係の構築である。

4　自社内のみならず他社でも通用する「転職力」をつける

自社内で優秀といわれる「勤《つと》め人《びと》」は、社風にしっかり馴染んで「自社特殊能力」に秀でている。そして、指示・命令に常に従順で、即座に上司が好む返答ができ、期待どおりの、あるいは期待以上の成果を上げる人物である。自社内であれば、担当業務が変わっても、すぐに慣れてそれまでと変わらない成果を上げる。しかし、このいわゆる「模範生」はどこへ行っても通用するわけでなく、外部（他業種）へ出向したり、自ら転職をしたりする場合に、意外と実力が発揮できないことがある。そのときに、「水が合わない」などと表現される。しかし、これまでの職種や職場環境が、たまたま本人に合っていただけかもしれない。そういう意味から、本当に優秀な「勤め人」とはどういう人物か、定義は難しい。

例えばプロ野球選手でも、評価が高かった選手が他球団へ移籍したら不振にあえぎ、反対に低評価だった選手が見違える活躍をすることもある。環境や人間関係に影響を受けるからだろう。一方で、どの球団へ移っても変わらぬ活躍を続ける選手がいることも事実である。移籍しても変わらぬ活躍をする選手とは、自分流の生き方を持った、環境の変化に動じない選手に違いない。精神面で、「他人が何を言おうが自分は自分だ」という強い信念の持ち主であるような気がする。「人を食った」態度も時に必要で、周囲の動きに惑わされない精神の持ち主である。芯の部分で、簡単には崩れない「自分の形」が形成されているのである。それがプロフェッショナルの精神性、いわゆる「プロ根性」なのであろう。

昔から、「企業は人なり」といわれ、有能な人材を一人でも多く抱えることが強い企業の証左とされる。そして、能力養成にOJT（オン・ザ・ジョブトレーニング）は極めて有効であり、日常の業務を通じてきめ細かく教え込むその仕組みは、日本企業の強さの要因であった。ただしこれは、「自社特殊能力」

の習得に比重が置かれるので、他社でも通用する能力の習得は、異なる職務や新分野の能力を取得する「リスキリング」などで強化することが必要とされる。よって、両者の効果的な組み合わせと、それに自己啓発を加えて能力は養成される。ところが今、日本は、国内総生産（ＧＤＰ）に占める企業の人材投資の割合が主要国で最低水準であるとのことである。加えて、３人に１人の「勤め人」が、人材市場における自分のスキルレベルが分からないと言い、また半数の人が自分のスキルの競争力について自信がないとしている。日本の「勤め人」たちが自信をなくしているようであり、自分の能力、すなわち市場価値を測りかねているようである。

日本の雇用システムにおいて、長期雇用は存続するにしても、「年功序列」は間違いなくなくなるだろう。そして、「学歴社会」は終わり、生涯を通じた「学習社会」が確実に到来するだろう。また、世間でいう「一流大学」を卒業すれば、出世コースに乗れるから安泰だという考えも通用しなくなる。いや、そういう考えは完全に消滅させなければいけない。確かに今までの「勤め人」は、業務の延長線上で能力を開発し、いかにスキルアップするかを目指せば、それで十分であった。しかしこれからは、それに加えて、全く新しい分野にも適応する能力の習得が求められている。それは、デジタル技術などの急速な進展で、職が失われることが予測される危機感からである。今までとは全く違う分野の能力が備われば、今の「勤め先」企業でリーダーシップを発揮して活躍できるし、それを生かせる企業に転職すれば、即戦力になって活躍できるに違いない。

今、人材投資の強化は大きな課題になっている。やる気がある「勤め人」への教育投資に関しては、国も企業としっかり連携して助成（バックアップ）していかなければいけない。一企業の問題だけではなく、日本の産業力にも関わる大きな課題である。すなわち、「勤め人」にとっては、その気にさえなれば、「自分力」はもちろん、「転職力」を高めるチャンスが到来しているのである。ただし、ここで改めて申し上げたい。筆者が定義する「転職力」とは、他所《よそ》でも通用する能力のことであって、安易に転職することを目的にしている能力ではない。それは、現在の「勤め先」企業にいながら、その企業を変革する「先導役」になるべき能力のことである。現状維持にとどまらず、成長・発展の担い手になる能力のことである。

企業サイドから見ても、生産性が低迷し、この先の産業構造の変化を考えると、人材投資に力を入れざるを得ない。人材投資は設備投資以上に効果が大きいことが検証されているからでもある。自社を新しくし、強くする人材を「勤め先」企業自身が育成しようとするのである。自社で成長分野を開発し、強化していくために、そこで働く「勤め人」たちを「リスキリング」することが求められる。企業がそのことに手をこまぬいていては、その企業が取り残されてしまうだけでなく、日本の産業力全体が衰退していく恐れが増しているのである。

個人ベースでは、「学習社会」を視野に、仕事を離れて大学や大学院へ行き直すなど、新しい知識を習得する「リカレント教育」も重要になっている。アップデートして習得した高度な知識は、「勤め人」の企業での存在感を強め、「勤め先」企業の発展に貢献することになる。さらに、「勤め人」が能力向上することは、どこへ行ってもやっていける、自身の「転職力」アップにつながる。能力が向上する「勤め人」は「勤め先」企業において、なくてはならない、引き続き留め置きたい存在になる。処遇を始めとする労働条件、すなわち「勤め先」企業との取引条件を有利にする「交渉力」が備わることになる。「勤め人」が強くなり、それにより、「勤め先」企業に対し優位になる。それこそが、自社内のみならず、他社でも通用する「転職力」というものである。

昔、太平の世になる前、江戸時代以前の武士は、日ごろから他の大名家でも召し抱えられる力を付けるべく鍛錬を欠かさなかったのである。そして、力を付けた有能な武士は、処遇の向上を求めて、大名家を渡り歩いたとのことである。有力な大名家には、多くの有能な武士が召し抱えられ、ますます強くなっていくことになる。それは、一人ひとりの武士に、最後に頼れるのは自分一人であり、自分しかいないとする覚悟と緊迫感があったからに違いない。よって、これからの時代の「勤め人」も、自社内のみならず、他社でも通用する能力、すなわち「転職力」をつけることが必須である。「解雇権濫用法理」で簡単には解雇されないのだと安穏と構え、長期雇用、いわゆる「終身雇用」に甘えているようでは話にならない。熱意とやる気がない「勤め人」は、内部であろうが、外部であろうが、労働市場で冷遇されるのは当然である。「勤め人」一人ひとりが目指すべきものは、どこにでも通用する、強い「個」の確立に他ならないのである。転職しても、その新しい先で活躍する「勤め人」になってほしいが、できれば転職の甘言に乗せられることなく、今の「勤め先」企業に残り、成長・発展に貢献する「勤め人」であってほしいと願う次第である。「転職力」とは、どこにあっても通用する貢献できる力のことである。

5 「勤《つと》め人《びと》」主権で企業を強い組織体につくり替える

「勤め人」は、企業のステークホルダー（利害関係者）であるとともに、一人ひとりが創造性を発揮することで、「勤め先」企業の利益を生み出す原動力になる。創造性を発揮できるのは「モノ」ではなく「人」、すなわち「勤め人」である。国民が主権で国家があるように、「勤め人」が主権で企業は成長・発展するのである。企業の所有者は株主ではあるが、所有と支配の分離で、支配は取締役会に委ねられる。実際のところ日本では、大半の取締役は「勤め人」が昇進して就くものであり、代表取締役は取締役会でその取締役から選任されるのである。すなわち、代表取締役は「勤め人」が選んでいると言ってもおかしくないのである。よって、日本の企業は、実際には「勤め人」が主権で運営されるのである。その意味で「勤め人」の責任は極めて重く、関わり次第で自分たちの「勤め先」企業をどのようにでもできるのである。その「勤め人」が独立して強くなることは、「勤め先」企業が独立して強くなることであり、個々の企業が成長・発展すれば、日本経済も成長・発展し強くなるのである。よって、愛社と「独立自尊」の精神にあふれた「勤め人」を一人でも多く養成しなければならないわけがそこにあるのである。今の日本を危機的な状況と見るならば、そういうときに対応能力を発揮するのが、日本人の精神性である「士魂（武士道精神）」であった。１５０年ほど前に欧米列強の脅威を跳ね除け成就した明治維新であり、75年ほど前に敗戦からの驚異的な復興を成し遂げた戦後と同じ精神性と行動が、今求められているのである。

国の「主権が国民に存する」ことは、日本国憲法の前文で高らかに宣言されている。これと同様に、企業の主権は従業員である「勤め人」にあると宣言してはどうだろうか。それは、「愛社精神」に満ちた「勤め人」が自分たちの代表として取締役を選び、その取締役が代表を選ぶ、そんな仕組みが実質的な背景にあるからである。そのためにも、「勤め人」が自らの尊厳を信じ、「勤め先」企業の成長・発展にいかに関与し、貢献していくかが大事になるのである。国の政治レベルはその国の国民のレベルであるように、企業のレベルは従業員である「勤め人」一人ひとりのレベルである。よって、「勤め人」それぞれがその自覚を持ち、自分を律して主体的に動かないと「勤め先」企業は成長・発展しないことになる。「勤め人」が愚かでだらしないと有能な代表者は輩出されず、「勤め先」企業は退廃していくに違いない。成長・発展する良い企業は、「勤め人」一人ひとりが主体的で当時者意識を持って活動するのである。

「勤め人」のレベルとは、「独立自尊」の精神を備え、どれだけ自律心旺盛な行動を取れるかである。権力者などに隷属してしまう「羊の群れ」であっては、話にならない。「勤め人」一人ひとりが強い「愛社精神」を持ち、お互いを尊重することを忘れずに、自社の成長・発展のために意見を戦わせる。そして、「自分が勤める企業をこんな企業にしたい」という情熱を持ち、主張し合う風土にしていく。そういう強い思いの「勤め人」が今何人いるか、そして育っているかが、「勤め先」企業が強くなるかどうかの目安になるであろう。

「勤め人」は、自分の「勤め先」企業のことをいつも「わが社」と呼んでいる。まさしく自分の企業、自分たちの企業なのである。そう呼んでいる割には主体的でなく、「上《うえ》」からの指示待ちが多くなっているのが現実である。自分の企業、自分たちの企業と思うなら、「上」からの指示命令がなくても、自発的・主体的に行動しなければいけない。それが道理というものであろう。残念ながら今は、「上」からの指示・命令がないから動かない、そんな「勤め人」ばかりになってしまったのではないだろうか。そして、そういう精神がしみ込んだ「勤め人」が経営陣に昇りつめ居座っているのではないだろうか。そのような状況では、「わが社」は停滞、いや衰退していくしかないのである。

第4章で記述したとおり、今の「勤め人」の出世観に筆者は驚いたのであった。「今後管理職になりたいか」の問いに対して、8割強が「なりたくない」と答えているということだった。そしてその理由（複数回答）は、「責任の重い仕事をしたくない」が5割強で一番多かった。また、「どのポストまで昇進したいと思うか」という質問に「社長」と回答した人は、1970年度には29％であったのが、2019年度には13％と大きく減少してしまっているのであった。さらに、新入社員に今後目指すキャリアを聞いた調査では、「専門的知識・スキルを持つスペシャリスト」（34％）が最多で、「幅広い知識・スキルを持つゼネラリスト」（27％）などを上回っていたのである。

責任が重いから管理職にはなりたくない。ましてや、社長までなど昇進したくない。社長までなって頑張りたい人はわずか10人に1・3人というアンケート結果である。誰もが「愛社精神」を抱き、競い合って社長を目指す。「わが社」を良くしよう、そして、成長・発展させようという熱い思いから、意見のぶつかり合いがいたる場所、いたる機会に見られる。そのようなシーンが、今後ますます少なくなってしまうのである。「勤め人」そもそもが、主権的な立場を放棄し、従者としての存在に落ちてしまっているようである。

このままでは日本経済は成長・発展できないと憂い、革新を起こしたい企業、今の形を変えたい企業は、次のように宣言すべきである。「『わが社』の社会的使命に共感し、幹部になり、そして社長になって、『わが社』を変革したいと思う者は、ぜひ入社せよ」と。実質的な主権者としての位置づけである「勤め人」が「わが社」を自分たちの力で変革する。幹部、そして社長として、その変革の「先導役」になる。今の「勤め人」に、そのような情熱や意気込みはなくなってしまったのであろうか。安定した、いわゆる「一流企業」に入社することだけが目標であってはならない。どんな企業であれ、その企業の経営理念に共感を覚え、その企業の成長・発展を通して社会に貢献する。さらには、その「先導役」として活躍する。そういう起業家精神をも備えた、強い「勤め人」になろうではないか。

6　オールジャパンで同調しない強靭《きょうじん》な「勤《つと》め人《びと》」をつくる

「人」は、人材という経営資源として利活用する発想ではなく、「人」自らが世の中を動かす主体であるとして、改めて「人」を捉え直さねばいけない。世の中を良くするも悪くするも、成長させるも衰退させるも、「人」次第である。その「人」である「勤め人」の創造力は、ミッション（使命感）を抱き、それにエンゲージメント（熱意）とモチベーション（やる気）が加わることで、無限に引き出せる特別な能力である。そして、新商品を開発し、新規事業を開拓し、一国の経済全体を活性化させ得る牽引力を無限に持ち合わせているのである。指示待ちで、評価を気にする「勤め人」ばかりになっては、到底発揮できない能力である。記憶力偏重の学歴優秀者をいくら増やしても、そして問題解決力に長けても、問題発見力に劣る「勤め人」ばかりでは、創造性は発揮できない。また、人間関係に大らかさがなくなり、減点方式で評価されるようになると「勤め人」は失敗を恐れて挑戦をためらうことになる。さらに、ネット社会で「答え」が簡単に引き出せるようになると、思考力は低下し、知恵のない「勤め人」ばかりになる。主義や主張を持たない即物的思考の「勤め人」ばかりになってしまう。即物的とは、主観や理想を交えないことをベースにした生き方である。そして今、日本の「勤め人」の精神性が低下しつつあるのではと危機感を覚えるのは、筆者だけではないはずである。打たれ弱くなり、他人の目を気にし過ぎ、指示待ちで、同調するという安易な処世術しか持ち合わせなくなっているのである。

地域の子を地域の皆が、身内でなくてもほめたり叱ったりして、昔は「人」を育てたのである。「若者組」という若者の集まりがあり、年長者が年少者を鍛える仕組みも機能していた。それと同じように、今こそ日本のために、皆がこぞって「勤め人」を育成するという発想が求められるのである。それにはまず、「勤め人」一人ひとりが組織にもたれかからない、「独立自尊」の精神を持った強い人間になることが原点になる。それがあって初めて、育成する効果が生まれる。

一方で、有能な「勤め人」が衰退産業に居残っていては、「宝の持ち腐れ」になってしまう。転職市場は急拡大し、転職も活発になっていく傾向が見られる。有能な「勤め人」が成長分野に移動することは、生産性向上の解決策になり、国にとっても極めて重要なトレンドである。それぞれの企業は、国内での目先のシェア競争に奔走せず、有能な「勤め人」が転入してくる成長企業を目指すことにこそ腐心すべきである。そして、有能な「勤め人」については、企業を超えて流動化できるよう、国を挙げて諸施策を推し進めなければならない。その移動については、個社レベルで奪い合うのではなく、オールジャパンでの壮大な構想が必要である。そのためには、すでに少しずつ始まっているが、国の法制面や税制面での、新たなバックアップ政策の立案、施行が不可欠になる。行政や公的機関が、プロデューサーになり、コーディネーターになることも必要になってくる。しかしここでも、「勤め人」が主導的でなければいけない。その一つとして、プロ野球での「FA（フリーエージェント）権の行使」のような形態である。有能な「勤め人」が成長企業でもっと活躍してみたいなどという、挑戦指向である。もちろん、今在籍のチーム（企業）に残る選択肢も大いに「あり」である。総合的にみて、その方が良い場合ももちろん多い。

企業内に人事面接があり、希望する業務を申し出る制度があるように、その仕組みを拡大して、各企業が連携し、広い意味でのいわば「内部労働市場」をつくるのである。徐々に拡大していくとして、まずはグループの関連企業間、親密な企業間、経済団体所属の異業種間、そして、地元商工会議所や商工会の加入企業間などでの横断的連携である。それには、各企業が自社の損得（「自利」）にこだわらない考えが必須である。相互に支援し、補強し合うマインドが不可欠である。「全体最適」を目指すことで、巡り巡って「自利」が得られる高邁《こうまい》な考え方である。

人事面接、キャリア面接で、例えば「あの企業に転職して、貢献したいのですが」との「勤め人」からの申し出に、「あそことは親密なので早速聞いてみよう」とか、「あの企業に求人希望があるか、商工会議所の仲介で問い合わせてみよう」とか、さらには「君《きみ》のような特異な能力は、あの企業が欲しがっているはずだ。君さえ良ければ、そこへ問い合わせてみよう」とかである。各企業とも我欲を捨て、オール業界、オール地域、オールジャパンでの発展を期して、「人」が主体となり、人事異動をしてはどうかと考えるのである。あくまで、人権を大前提にした「人」の異動である。人権第一であることは、言うまでもない。

強くて魅力ある企業であれば、転入希望者は多くなるであろう。そして、「勤め人」が転出せず一人でも多く転入してくる企業になろうと、各企業が総力を挙げて競い合うはずである。また、そうならなければいけないと思う。「勤め人」が主導権を取ってのFA宣言や金銭トレードも大いにあって良いのである。このときに、強い企業が残り、弱い企業が淘汰《とうた》される懸念は、それぞれの企業努力で解消するしかないであろう。また、有能な「勤め人」がより優遇されることになるであろうが、それも個々の「勤め人」の努力で解消するしかない。あくまで、ルールを決めてのオールジャパンでの人材流動化である。

オーナーシップが旺盛で、プロフェッショナルな「勤め人」が主導での人事異動を早速実行に移そうではないか。もちろん、「勤め人」に強い覚悟と心意気があっての話である。自社に元気な「勤め人」が残留するか、そして集まるか、一方で見限って転出するかは、「勤め人」の企業に対する評価次第である。

冷酷かもしれないが、企業間競争に「強者の論理」が働く。各「勤め先」企業には、評価に応える緊張感が求められるのである。

人材投資をしたにもかかわらず、その「勤め人」が早期に転職してしまうとなれば、さすがに損失である。今後、転職市場がさらに拡大し充実すれば、即戦力ある有能な「勤め人」は争奪の対象になる。よって、自社で働き続けるよう、また、他から自社に転入してくるよう、自らが魅力ある強い企業にならなければいけない。報酬が誘因となり次々と転職するドライな「勤め人」も出てくるだろうが、報酬面で競い合うのではなく、エンゲージメントを喚起する職場環境をつくることにまい進すべきである。いよいよ日本も転職しやすい環境が整うであろうが、日本の「勤め人」には、「愛社精神」を抱いて長く勤めあげ、そして社会に貢献する形が理想形であり続けると、筆者は思っている。よって、社会に貢献する真に強い企業になれば、「勤め人」は去って行かないどころか、集まってくるはずであり、長く勤め続けてくれるはずである。

日本的経営の「三種の神器」の一つである「終身雇用」、正確には長期雇用について、すでに見たように、日本は欧米に比べて勤続年数が長いことは確かであった。そして、できることなら離職したいが、このまま渋々勤めることになるだろうという気持ちが、残念ながら日本の「勤め人」の心境であった。それは、世間体を気にすることや税制・法制度などのシステムが離職に不利である状況も一因であろう。また、「我慢する」ことを美徳とする伝統的な考えから、それが日本人の精神性の底流にあることも否めない。いずれにせよ、辞めないで長く、定年まで勤めることが日本の「勤め人」の基本形であった。高度成長期のような右肩上がりの時代ではない現在、ただ単に同じ企業に長く勤めることは、「勤め人」本人にとっても、「勤め先」企業にとっても、ひいては日本経済全体にとっても生産的ではなく、効率的ではない。企業は、既存部門にしがみつくのではなく、自社の「内部労働市場」を活用し、成長部門や新規事業に人材を戦略的配置していくことが求められている。それに対し、「勤め人」は「勤め先」企業の組織変革や事業戦略に積極的に関与し、主体的に参画することがますます大事になる。「愛社精神」をベースにした、「下」からの活発な意見具申である。

日本経済全体を考えたとき、産業の成長分野へ有能な「勤め人」が移動することは極めて有効な考え方である。すべての「勤め人」は、日本経済全体の、経営学でいう「人的資源」であり、オールジャパンの財産である。オールジャパン、すなわち「日本株式会社」という大きな枠の中で、「勤め人」という財産を国を挙げて大切にしなければならない。「勤め人」は主体であって、客体ではない。「勤め人」が企業という組織を、そして国を動かすのである。「子は国の宝」であるように、「勤め人」も同じく国の大事な宝である。部材や部品のように扱われる単なる経営資源であっては絶対にいけない。よってそれに応えるべく、「勤め人」一人ひとりには、強い覚悟と心意気が求められている。

50年ほど前に発表されたローマクラブ「人類の危機」レポート『成長の限界』の中に、「人間の視野」という項目がある。その中で「世界中のすべての人は、それぞれ注意と行動を必要とする一連の関心事と問題をかかえている」として、「時間」と「空間」の二つの次元（2軸）のグラフを設定し、原点からの両軸それぞれの遠さで判断することの大切さを訴えている。そして、広い範囲で遠く将来を視野に関心事を捉えることの重要性を強調している。まさに、低迷が続き、一方でグローバルな関わりがますます強くなる今ほど、経営者層に、管理者層に、そして「勤め人」一人ひとりに、原点から両軸の遠くを視野に入れる考え方が求められる時代はないのである。遠い将来を見据え、広い視野で物事を思考できる「勤め人」の育成が急がれるのである。「未来志向・社会本位」の思考を絶対に忘れてはいけない。これからの「勤め人」すなわち、将来の経営者予備軍は、「目先の我欲」に惑わされては絶対にいけないのである。もう一度、オールジャパン、「日本株式会社」で、今の閉塞感を払拭し、好循環へ反転させようではないか。それは、究極、「勤め人」一人ひとりの意識改革と行動変革に関わっているのである。

終章

「うその勤勉」は背徳であり、その罪は大きい

日本人の勤勉は、いつから始まったのだろうか。諸説ある中、これに関しては、歴史人口学の第一人者であった速水融氏の江戸時代の「勤勉革命」説が有力である。尾張藩が行った1670年代と1820年代（約150年間）の所領内の人口、戸数、家畜数の調査資料などをもとに、氏がその増減を検証して解明した説である。人口と戸数が増えているにもかかわらず、家畜数だけが大きく減少していることを見つけ、農法が労働集約で収穫物を増やすという手法に転換したと解釈したのである。すなわち、勤勉というものを通じて生産力を上げたという分析である。それは、農機具や農業技術が進歩し、流通経済が発展する中で、農閑期も有効に働くなど夫婦主体で懸命に従事する「働き方」であった。そして、制度や仕組みを上手に活用し、一生懸命に働けば働くほど富を増やせたのであった。ということは、「勤勉の精神」はそれ以後、400年近く続いてきたことになる。なお筆者は、速水融氏の講義を学生時代に興味深く聴講している。

一方で、しばしば、「日本人は本当に勤勉なんだろうか。その点どうなのか」

と議論される。それに対する筆者個人の考えは、時により、状況により、関わる人により、そうであったりなかったりするということである。すなわち、勤勉というものが、決して日本人の国民性ではないということである。自分自身の利得、すなわち我欲に直接つながるときには驚異的な頑張りを見せる。また、利益を得るときだけでなく、外圧による大きな損失を回避しなければならないときも、一生懸命に頑張るのである。

利益が直接、自分のものになる場合とは、その顕著な例は「個人事業主」の働きぶりである。筆者がまだ若いころの担当先で、新興住宅地の酒類小売店（酒屋さん）のご夫婦の例である。コンビニエンスストアや大型酒販店が、進出する前であったので、配達で食事も取れないほどの超繁忙が毎日続く。大晦日も深夜近くまで注文が殺到していた。忙し過ぎると悲鳴を上げながらも、疲れも見せず、いきいきと充実した様子であった。この働きぶりをみれば、まさに「日本人は超勤勉」なのである。

一方で、外圧（プレッシャー）をはねのけようとして頑張るケースである。期限が迫り、業績の目標数値を達成しなければいけないとき、「もう後がない」

と必死になって働く。特に目標が達成できないとペナルティーがあるときには、強迫観念も手伝い、驚異的な働きをする。この光景を見れば、これまた「日本人は超勤勉」と目に映る。そしてもう一つ、それは趣味や特技を仕事にするケースである。自分が好きなことや得意なことであるから、それこそ寝食を忘れて、没頭するのである。しかし、これら以外のケースは、それほどの勤勉ではないとしか思えない。本書で再三記述したとおり、他人の評価が気になるから、勤勉のふりをするだけのようである。

学校での「皆勤賞」や企業での「皆勤手当」などを見直す動きがあるという。体調がすぐれないにもかかわらず、登校や出勤して、成果が発揮できるとは思えない。かえって、周囲に迷惑や悪影響を及ぼしかねないのである。この行為こそ、精神論や根性論の何物でもない。また、日本人の睡眠時間の少なさ解消も以前から課題になっている。日本経済新聞の記事（令和4年10月24日付）によれば、2020年の日本人の平均睡眠時間は6時間22分で、米欧中など主要国平均より1時間近く短く、睡眠に満足している人の割合も3割に満たない（29％）とのことである。それだけにとどまらず、睡眠不足は労働生産性の悪化を招き、睡眠時間の多寡で企業の利益率に2ポイントほどの差が生じるそうである。睡眠不足でイライラしながら仕事をしていては、「いいわきゃないよ！」である。さっさと仕事を終えて、早く帰って、しっかり睡眠を取ろうではないか。睡眠不足の上司が、怒りっぽく、不機嫌な顔で仕事をされては、その下で働く部下はたまったものではない。

さあ！　そろそろ価値観を大転換して、「うその勤勉」をしないで、「本物の勤勉」で競い合おうではないか。それは、よくいわれるように、いわゆる「昭和時代」からの脱却であり、猛烈ぶりを美徳とする「男性中心主義」の幕引きである。

さて、何度もしつこく訴えてきた「勤め人《つとびと》」の覚悟と心意気について、持論のエッセンスを述べ、本書の締めくくりにしたい。それは、筆者が日本経済新聞の「私見卓見」というコーナーに投稿し、掲載された記事（令和5年2月14日付）である。「『うその勤勉』をやめ生産性上げよ」というタイトルで、内容は次のとおりである。

日本人は勤勉な国民といわれ、頑張る姿は好感を持って評価される。また、他人の目を意識し、どうすれば自分に有利かを考えて行動する。「勤め人」は人事評価で好印象を得ようと勤勉さを競い合う。生産性を上げるための「本物の勤勉」であれば良いが、一生懸命に働いているふりをしてしまう。

ムダな仕事を増やし、忙しく見せることに腐心する。残業をいとわず、有給休暇を取得せず、勤勉さをアピールする。例えば周囲が、特に上司が帰らなければ、進んで退社しない。目配せしながら時間を調整して働くことは、非効率だ。まさに「うその勤勉」である。これではエンゲージメントは上がらず、生産性は改善しない。

「うその勤勉」は、高い評価を得ようと、結果として上司をだますことになり、周囲にも悪影響を与える。生産性を下げる仕事を増やして報酬を受け取る「給料泥棒」をつくる。職場にその悪影響がまん延すれば、女性進出・活躍を妨げる。ワークライフバランスも進まない。「うその勤勉」は組織への背任行為であり、大罪であるといっても過言でない。美徳どころか背徳である。自分の「承認欲求」を満たすためだけならその罪は重い。外部不経済が生ずるなら、社会的責任を考慮しペナルティーを科すべきである。

日本人は、信念を貫かなくなり、同調圧力に屈しやすくなった。他人がどう見ようが、何を言おうが自分の主義を貫こうとする精神性をなくしている。「勤め人」全体が、自分の評価を下げまいとムダな仕事をつくり、忙しく動き回っている。特に、部下を管理する上司自らが「うその勤勉」を実践していては始まらない。今の状況を早く変えなければならない。

日本の時間あたり労働生産性は悪化し、2021年は経済協力開発機構（OECD）加盟38カ国中27位である。主要7カ国（G7）中最低で、金額は米国の6割弱だ。このまま手をこまぬいていては、企業の生産性は改善しない。それどころか、日本の経済力は衰退の一途をたどる。罪を犯さないためにも「うその勤勉」はもうやめよう。同調圧力に屈しないで、率先して行動を変革する「最初の一人」になろう。部下を持つ管理者なら、なおさらである。

この投稿記事を新聞購読者の何人に読んでもらえたか定かでない。一人でも多くの「勤め人」に読んでもらい、少しでも感じて「働き方改革」につなげてもらえれば幸せである。ちなみに、日本経済新聞の本紙と電子版購読者数は247万人（2023年1月公表）である。そして最後に、次のことを申し添えて、本書（持論）を締めくくりたい。

ピンチで神がかり的な活躍をする「侍《さむらい》ジャパン」ではないが、私たちは私たちの中に眠っている強い精神性を、今こそ呼び覚ます時が来ている。新しいものをつくるのではないから、決して難しいことではないはずである。さあ、急ごうではないか！

おわりに

自分の性格には向かないと思ったが、長男でもあったので、「Uターン」して地元の金融機関に就職した。入社時に社内報の自己紹介欄で、「地方銀行は地域経済の中枢機能を持ち、その健全な活動達成のための臨床医であると考える。そのために少しでも貢献したい」と書いている。初心を忘れず、「勤《つと》め人《びと》」という役を40年余り演じた。そして、その役を引退してすでに5年余りが過ぎる。「勤め人」時代には、人間的に立派な上司や同僚に巡り合え、手本にして頑張った。難題を成功させ、ほめられたことも何度かあったが、失敗をして厳しく指導を受けたこともたくさんあった。合わない「嫌」な上司の下では、出社したくない日も多かった。そして、こんな上司には絶対になるまいと反面教師にした。仕事が思うように進まず、精神的に落ち込んだ日もあった。悩んだときに相談し、親身に指導してくれる上司の下では、安心して思う存分に頑張ることができた。その後もその上司に恩返しするつもりで日々を送った。やはり、厳しくもあるが包容力のある上司の下で働くときが、モチベーションが一番上がり、いきいきと働けた記憶である。上司や同僚たちとの甘えがない良好な職場の人間関係が、仕事のパフォーマンスを高めることを実感した。そして、周囲に同調し、「上《うえ》」に対して巧みに忖度《そんたく》が働くいわゆる「イエスマン」を見ると、憤りを感じるのであった。

今から17年ほど前に10日間ほど手術入院した。そのときは、ショックも大きく、この先をどう生きたらよいかを見つめ直す機会になった。人間関係を含め、仕事であれこれ神経を擦り減らし、このまま「勤め人」を続けるのは本意でないと思い、別の形で地元企業の発展のお役に立とうと考えた。「中小企業診断士」の試験勉強に、仕事は仕事でしっかり全うしながら励んだ。しかし、その資格試験の内容は、銀行員の体験を通して、自分なりの解釈で得たものとはかなりかけ離れていると感じ、一次試験を合格したところで試験勉強はやめることにした。そして、「負け犬にはなるまい」との気概で、独自に組織行動論や労働社会学、そして社会心理学などの知識を少しずつ学んだ。たくさんの参考書籍を読みながら、実務経験で体得した知識と擦り合わせて習得する勉強は、大変有意義なものであった。しかし、進めれば進めるほどに、現下の情勢に危機感に近いものを覚え、このままではいけないと、その思いを自分の考え（持論）としてまとめていったのである。そして今、「『勤め人改革』アドバイザー」として、「勤め人」の覚悟と心意気の啓発を目指し、活動を始めたところである。

資格試験の内容は欧米（特に米国）のMBAに準拠したもので、筆者にはその考え方が馴染まなかった。人間主体でなく、人間臭さもなく、クールでドライな内容であったからである。あいまいさが全くない米国型の経営理論は、参考にはなっても、日本には合わないと改めて感じた。それは、「人間」を「人的資源」とみなし、取り換え自由な部材や部品扱いにするからである。日本の歴史的背景・文化的背景を無視して受け入れることに強い違和感を覚えた。そもそも、人間の豊かさや幸せのために、企業は発展し、経済が成長するのである。しかし、そのため、人間を踏み台にしたり、犠牲にするのは本末転倒である。人間のための経営であり、経済でなければならない。人間をその気にさせ、いかに効率よく活用するかという経営者視点の発想は、筆者には全く受け入れられないのである。実際に「勤め人」をしていたとき、人間関係が良いときや仕事を任されたときなど、人間が主体になったときには、俄然《がぜん》モチベーションが上がり、高いパフォーマンスが発揮できたのである。一方、細かい指示を受け、厳しく管理されるときは、やる気を喪失し活気をなくしたのである。このように、人間の心理、すなわち「勤め人」のエンゲージメント次第で生産性が左右されることを目の当たりにし、実体験した。従って、管理職に就いた時には、組織が活性化するよう、部下のエンゲージメント向上に腐心したつもりでいる。

本書は、筆者の40年余の「勤め人」経験（実務）と15年ほどの座学（独学）とを組み合わせた形の持論である。長年の地方金融機関での「勤め人」経験から、かなりその色に染まったものかもしれないが、いつの時代もどういう組織においても、人間に通底する根源の心理は変わらないと確信している。そして、日本人には他国民と違う独自の精神性が心の底に脈々と流れ、連綿と続いていると信じている。その良き部分を大切にして、それを現出させなければいけない。一方、失敗をしたり低迷が長引いたりして、打開策が見つからず閉塞感が漂うとき、日本人は必ず自虐的になる。しかし、自虐的になって、日本人の精神性すべてを否定してはいけない。

目標があると積極果敢に、時に盲目的に前進するが、達成してしまうと次の目標が策定できない日本人。国家という大きな組織の牽引役は政治家であるが、その日本の政治家は二流以下に成り下がったといわれる。そんな政治家しか選べない先進国日本の国民は、同じく二流以下になってしまったに違いない。失った30年が、この先40年にならないよう、そして日本が沈没していく、などということが起きないよう、主権者である一人ひとりの国民が、企業においては「勤め人」一人ひとりが「独立自尊」の精神を抱き、「主役」を演じなければならないのである。国民も、「勤め人」もそろそろ目を覚まさなければいけない。もう「待ったなし」の状況である。

父親安田正（元高校教諭）が亡くなって、はや4年半が過ぎる。生前に父親と交わした会話がある。それは次の内容である。「閉塞感が漂う今の状況がこのまま続けば、日本は取り返しがつかなくなるかもしれない。よって、『勤め人』人生を振り返りながら、自分なりに警鐘を鳴らせるような本を出してみたい」

と言ったのである。そしたら、「それは良いことだ。ぜひやってみろ」という返答であった。約束したにもかかわらず、長い時間が経ってしまった。まだ仕上がらないかと待ちわびているだろう父親に、遅れたことを詫びながら、この拙著を誕生日であった9月12日に捧げたい。

なお最後に、本書の上梓にあたり、何かとご教示をいただいた岐阜新聞社読者事業局出版室の皆様には、この場を借りて心より御礼申し上げたい。

安田　直裕

2023年9月

参考文献

『日本人として言い残しておきたいこと』　会田雄次　大和出版　１９９５年
『組織と人間』　青沼吉松　日本生産性本部　１９６８年
『日本社会で生きるということ』　阿部謹也　朝日新聞社　１９９９年
『人本主義企業』　伊丹敬之　日本経済新聞社　２００２年
『「世間体」の構造』　井上忠司　日本放送出版協会　１９７７年
『増補　学校と工場』　猪木武徳　筑摩書房　２０１６年
『会社はこれからどうなるのか』　岩井克人　平凡社　２００９年
『日本的経営の編成原理』　岩田龍子　文眞堂　１９７７年
『宇沢弘文の経済学』　宇沢弘文　日本経済新聞出版社　２０１５年
『明治１　変革を導いた人間力』　ＮＨＫ「明治」プロジェクト　日本放送出版協会　２００５年
『自己実現という罠』　榎本博明　平凡社　２０１８年
『勤勉は美徳か？』　大内伸哉　光文社　２０１６年
『承認欲求』　太田　肇　東洋経済新報社　２００７年
『ムダな仕事が多い職場』　太田　肇　筑摩書房　２０１７年

『日本社会のしくみ』　小熊英二　講談社　２０１９年
『主君「押込」の構造』　笠谷和比古　平凡社　１９８８年
『武士道』　笠谷和比古　ＮＴＴ出版　２０１４年
『経営の精神』　加護野忠男　生産性出版　２０１０年
『先生、どうか皆《みんな》の前でほめないで下さい』　金間大介　東洋経済新報社　２０２２年
『アメリカ文化と日本』　亀井俊介　岩波書店　２０００年
『「命令違反」が組織を伸ばす』　菊澤研宗　光文社　２００７年
『人はなぜ集団になると怠けるのか』　釘原直樹　中央公論新社　２０１３年
『能力主義と企業社会』　熊沢誠　岩波書店　１９９７年
『日本産業社会の「神話」』　小池和男　日本経済新聞出版社　２００９年
『日本人の心と出会う』　相良亨　花伝社　１９９８年
『経済成長主義への訣別』　佐伯啓思　新潮社　２０１７年
『「世間教」と日本人の深層意識』　佐藤直樹　さくら舎　２０２２年
『武士道の逆襲』　菅野覚明　講談社　２００４年
『関わりあう職場のマネジメント』　鈴木竜太　有斐閣　２０１３年
『「集団主義」という錯覚』　高野陽太郎　新曜社　２００８年
『昭和の武士道』　武光誠　河出書房新社　２０１５年

『人材覚醒経済』鶴 光太郎 日本経済新聞出版社 2016年
『タテ社会の人間関係』中根千枝 講談社 1967年
『残業学』中原 淳+パーソル総合研究所 光文社 2018年
『戦後経済史』野口悠紀雄 日本経済新聞出版社 2019年
『上司は思いつきでものを言う』橋本 治 集英社 2004年
『間人主義の社会 日本』浜口恵俊 東洋経済新報社 1982年
『経営と文化』林 周二 中央公論社 1984年
『日本経営哲学史』林 廣茂 筑摩書房 2019年
『近世日本の経済社会』速水 融 麗澤大学出版会 2003年
『若者わからん！』原田曜平 ワニブックス 2018年
『教育の職業的意義』本田由紀 筑摩書房 2009年
『「家」としての日本社会』三戸 公 有斐閣 1994年
『日本的自我』南 博 岩波書店 1983年
『心でっかちな日本人』山岸俊男 日本経済新聞社 2002年
『労働時間の経済分析』山本 勲 黒田祥子 日本経済新聞出版社 2014年

安田　直裕（やすだ なおひろ）

1953年岐阜県生まれ。慶應義塾大学経済学部卒業。
地方金融機関に勤務し支店長や部長、そして関連会社の社長や監査役を経験。一方で組織行動論、労働社会学、社会心理学などを独習。40余年の実務経験と習得した理論を融合させ、「勤め人」のエンゲージメントを向上させる働き方を研究。現在、「勤め人改革」アドバイザーとして活動中。
一般社団法人福澤諭吉協会会員（平成4年～）

イラスト：ロヒオ・ナ・ダスヤ氏

「勤《つと》め人《びと》」意識改革論
日本を強くする「働き方」を取り戻せ！

発　行　日　2023年9月12日
著　　　者　安田 直裕
発　　　行　株式会社岐阜新聞社
編集・制作　岐阜新聞社 読者事業局 出版室
〒500-8822
岐阜市今沢町12　岐阜新聞社別館4階
TEL：058-264-1620（出版室直通）
印　刷　所　岐阜新聞高速印刷株式会社

※価格はカバーに表示してあります。

ISBN978-4-87797-326-1